新时代艺术设计育训丛书

CIS设计与管理

主　编：许劭艺

副主编：于成丽　许黛菲　王康媚

参　编：刘首含　符用宁　王昱陈曲

　　　　庞炳楠　吴育强　李　莹

　　　　张翼展　蔡赞宏　王鸿燕

　　　　李　聪　高宏伟　许宇峥

　　　　王　云　齐天俏　张　筠

　　　　莫　妮　张　悦　张丹丹

湖南大学出版社 · 长沙

图书在版编目（CIP）数据

CIS设计与管理/许劭艺主编.—长沙：湖南大学出版社，2021.9
（新时代艺术设计育训丛书）
ISBN 978-7-5667-1981-2

Ⅰ.①C⋯ Ⅱ.①许⋯ Ⅲ.①企业形象—设计 ②企业形象—企业管理 Ⅳ.①F272-05

中国版本图书馆CIP数据核字（2020）第139341号

CIS 设计与管理
CIS SHEJI YU GUANLI

主　　编：许劭艺
责任编辑：胡建华
印　　装：湖南雅嘉彩色印刷有限公司
开　　本：787 mm×1092 mm　1/16　　　印　　张：10.5　　　字　　数：225千字
版　　次：2021年9月第1版　　　印　　次：2021年9月第1次印刷
书　　号：ISBN 978-7-5667-1981-2
定　　价：48.00元

出 版 人：李文邦
出版发行：湖南大学出版社
社　　址：湖南·长沙·岳麓山　　　　邮编：410082
电　　话：0731-88822559（营销部）　88821251（编辑部）　88821006（出版部）
传　　真：0731-88822264（总编室）
网　　址：http://www.hnupress.com

总　序

PREFACE

设计让世界更加美好

进入 21 世纪，中国的艺术设计领域发生了巨大的变化，"生态化""数字化""全球化"等设计思想，"中华传统文化才是中国设计的灵魂和根基"等设计价值观，极大地拓展了中国艺术设计自主发展的空间。随着生活水平的提高，人们对自己所处的环境和生活质量有了更高的期望，追求更加美好的生活。同时，人们的审美取向也日趋多样化和个性化，大众认同了设计是一种使世界变得更美好的手段。于是，设计无处不在，学习艺术设计的人也越来越多，这也推动了社会民众艺术素质的提高。所以，出版一套适应新时代要求，针对社会、学校、家庭三方的艺术设计类专业育训教材已成为必然。

根据国务院 2019 年 1 月印发的《国家职业教育改革实施方案》精神，为助力新时代中国特色高水平高等职业学校及专业群建设，推动海南国际设计岛和国家对外文化贸易基地建设，海南经贸职业技术学院人文艺术学院尝试改革并构建由职业素质能力育训和岗位设计能力育训两大模块组成的新的艺术设计类专业课程体系。其中，职业素质能力育训模块由中华文化、民间工艺美术、职业发展等课程组成；岗位设计能力育训模块由品牌设计、包装设计、广告设计、CIS 设计与管理、时尚设计、室内设计、空间设计、会展设计、景观设计、设计心理等专业核心课程组成。围绕这一课程体系编写的教材，注重弘扬中华优秀传统文化，重视大众生活方式的多样性和文化需求的复杂性。我们以期通过这套教材来改变以往教材素材局限、抒情缺乏、传播脱节等现象，更好地落实新时代立德树人的根本任务，健全德技并修、工学结合的育人机制。

编写这套教材的主要困难在于它不像现有的学校教育那样，既有东方传统模式可传承，又有西方系统样式可参照。我们从门类科目的选定、体例框架的设计、编写人员的遴选等现实出发，使教材编写工作不流于形式，讲究实效。基于社会、学校、家庭对艺术设计育训的实际需求，教材架构需要我们平地起高楼，更需要我们秉持中国设计的生存主题，从引进、仿制到自主创新，从自我否定转变为拥有文化自觉和设计自信，延续自我设计的历史发展脉络，敢于面对各种困境，提倡传统工匠精神，强化中华文化身份，通过主张多样形式、关注人性需求、注重历史人文等理念，力图给造物以美感、给设计以灵魂。同时，我们在编写这套教材时，极力在概念术语、理论范畴、逻辑层次、体例架构等方面体现出创造性、专业性、系统性和育训性，使教材图文并茂、示说相依、释析共举，集原理、实训、创造于一体，从而彰显艺术设计的视觉营销力、环境影响力和实用价值。

我真诚地期待本套教材的出版，可以让社会上的专业人士更加奋进，讲台上的专业教师更加敬业，校园里的专业学生更有兴趣，家庭里的"生活美学家"更讲规范。总之，希望读者从中获益，进而掌握传统与现代深度结合的艺术设计原理与技术，传承中华优秀传统文化基因，创新设计出健康、合理、宜人的更加美好的生活方式。同时，也希望这套教材体现出"艺术创造价值，设计服务社会"的艺术设计教育理念，为新时代中国艺术设计教育改革与构建专业教程体系提供有益的借鉴与参考。

2021 年 6 月 16 日
于海口首丹·易道斋

许劭艺（赐名：党生）

　　海南省高层次拔尖人才、天津大学工学硕士、海南劭艺设计工程机构创始人，从事文化艺术、品牌管理、建筑景观等实践与教育工作近 40 年，且在理论与实践上成果丰硕。

　　海南省文化艺术职业教学指导委员会主任委员、海南经贸职业技术学院人文艺术学院院长、教育部职业院校艺术设计类专业教学指导委员会环境艺术设计专门指导委员会副主任委员、全国包装职业教育教学指导委员会委员、海南省特色产业小镇与美丽乡村建设专家咨询委员会委员。

目 录

CONTENTS

第一章

企业形象识别系统

（CIS）概述

在竞争日益激烈的现代经济中，顾客的选择日益多样化，而促使其做出决定的，不仅有产品本身的形象，很大程度上还取决于生产产品的企业形象。因此，树立良好的企业形象，既是推进企业经营战略的有力手段和实现战略目标的重要保证，也是企业整体迈向更高层次的战略举措。

第一节　企业形象识别系统（CIS）设计

CIS 是英文"Corporate Identity System"的缩写，中文译为"企业形象识别系统"。它是运用视觉传达设计，将企业的理念特质予以视觉化、规范化、系统化，以塑造企业形象和发挥组织整体效能。

图 1-1　美国宝洁（P&G）公司标志

一、CIS 的历史发展与轨迹

（一）萌芽时期

1. 商品标志视觉形象的产生

1851 年，美国宝洁（P&G）公司的老板威廉·宝特先生发现负责货运的人总是在装蜡烛的箱子上画黑叉叉，经询问才得知此举是为了让那些目不识丁的码头工人能分辨出蜡烛和肥皂。后来，有位聪明的工人将难看的"叉叉"改成"星星"，后来又有人用一群星星与月亮的造型取代了孤零零的"星星"，成为固定的符号。由此可见，使用符号最初的用意是区别货物的种类。宝洁公司在 1882 年申请注册商标，并将星星确定为 13 颗，象征着当时美国的 13 个州，成为公司的品质象征（如图 1-1）。这可以看作是企业视觉识别的开端。

2. 产品视觉形象统一设计

意大利奥里维蒂（Olivetti）公司和德国 AEG 通用电气公司最早认识到，设计师们能够通过有效的视觉设计和传达管理系统建立企业产品的视觉识别形象。

1936 年，意大利奥里维蒂办公设备公司聘请了 24 岁的设计师宾托里（Ovanni Pintori）主持公司宣传部门，在 31 年里，宾托里为公司和产品设计统一的视觉标志。奥里维蒂的产品逐步畅销于欧洲乃至全世界（如图 1-2）。

同一时期，德国 AEG 通用电气公司采用了著名设计师彼特·贝伦斯（Peter Behrens）为公司设计的商标，并将视觉标志广泛地应用在公司的所有产品上（如图

olivetti

olivetti

olivetti

olivetti

图 1-2　奥里维蒂（品牌）标志

图 1-3　AEG 公司的产品商标和招贴画

1-3），原先分散的视觉形象得以统一，提高了通用电气公司的知名度，树立了良好的产品形象。

　　英国伦敦地铁公司也在这一时期聘请了多名设计师共同设计公司的视觉传达系统。其中，美国工业设计学会会长弗兰克·皮克（Frank Pick）负责规划伦敦地铁的视觉设计任务；爱德华·琼斯顿（Edward Johnston）进行字体形象的改良设计；马克奈·哥法（Marknight Konfer）、贝蒂·斯文威克（Betty Swenwick）、爱德华·鲍登（Edward Baoden）等设计师，负责地铁系列海报设计和景观设计；包豪斯设计学院的创始人瓦尔特·格罗佩斯（Walter Gropins）参与并指导地铁本部的设计；现代雕塑泰斗亨利·摩尔、马耶普斯·泰恩等前卫艺术家参与伦敦地铁纪念碑的设计。伦敦地铁公司视觉传达系统的设计在他们的共同努力下获得圆满成功，塑造了建筑景观与运输功能统一的形象，成为当时全世界首屈一指的企业视觉形象传达设计的经典之作。英国伦敦地铁公司的视觉识别标志沿用至今（如图 1-4）。

图 1-4　英国伦敦地铁公司标志

（二）创立时期

1.IBM 率先导入企业形象战略

　　二十世纪五十年代初，美国 IBM 公司的董事长向其公司首席设计顾问艾略特·诺伊斯（Eliot Noyes）提出，把公司的创业精神有效地传达给社会公众。该顾问认为，应该通过一切设计手段来传达企业特点，让公司的设计应用统一化。IBM 公司开启了表现特征统一化的形象设计系统开发工作。这就是最早的企业形象识别系统之一，也是以统一视觉形象为起点的企业形象战略。1955 年，公司正式导入企业形象战略，聘请世界著名设计师保罗·兰德（Paul Rand）设计出一套完整的企业识别系统，以传达统一的 IBM 形象（如图 1-5）。因此，IBM 公司成为美国

图 1-5 IBM 的 CIS 设计

导入 CIS 战略的开山鼻祖。

保罗·兰德所设计的字体标志（Logo Mark），使用了具有强烈视觉冲击力的粗黑字体，有良好的易读性和视认性。但是随着企业的发展，IBM 已成为电脑的代名词，宣传公司知名度的诉求已无必要，而主要应表现 IBM 的经营理念：品质感与时代性。1976 年，保罗·兰德又设计变体标志以表现时代意义，有 8 线条纹与 13 线条纹 2 种，粗细线双勾及反白设计 6 种，合计 8 种表现形式。1978 年 4 月，为了统一企业形象，避免产生混淆的观感，规定以条纹标志为标准型（如图 1-6）。

图 1-6　IBM 公司 CIS

2. 美国各大公司导入企业形象战略

IBM 公司的成功，激起了许多美国的先进公司开展企业形象设计的热情。初期导入企业形象战略的企业有美孚石油公司（如图 1-7）、远东航空公司等。其中最具代表性的视觉形象是可口可乐公司的标志和美国建国 200 周年纪念标志的统一设计。

经营饮料的可口可乐公司在二十世纪二三十年代，每年花费巨额资金宣传其年轻、向上、快乐、充满活力、风度优雅的产品形象。到了二十世纪六七十年代，公司决定把企业重塑成年轻歌手般的新形象，饮可口可乐将获得自信、受欢迎和变年轻。可口可乐公司聘请 Lippincott & Marmtlies 公司（简称 L&M 公司）为其设计革新标志（如图 1-8），确立了四个

图 1-7　美国美孚石油公司标志

图 1-8　美国可口可乐公司标志

设计要素，可口可乐的品牌名，可口可乐的书写字体，红色标准色，独特的瓶形轮廓。革新后的可口可乐标志采用红、白相间的波纹，体现出流动感和韵律感，此标志获得了世界各地消费者的认可。

3. 企业形象战略成为竞争利器

1969 年，美国美孚石油公司的主要竞争对手英荷壳牌石油公司也不甘落后，宣布导入 CIS，在世界各地的加油站一夜之间亮出了以贝壳为标准形象图形的企业识别标志。

（三）发展时期

1. 日本企业文化型的 CIS 战略

日本是一个善于模仿和汲取他人优点的民族，并创造性地创造日本企业形象策划作为企业文化生长点，其 CIS 设计不像美国的专业公司那样停留于标志、标准字及相关设计系统上，而是深入企业经营理念。

1971 年，日本马自达（Mazda）汽车公司为日本树立起企业形象策划的范例。麒麟啤酒（Kirin）、大荣百货（Dalei）、伊势丹百货（Isetna）等企业纷纷导入企业形象设计（如图 1-9~ 图 1-11）。银座松屋（Mat Suyaginza）原名"松屋百货店"，其总裁曾悲观地说："松屋这间公司，如果什么都不去做，它必然会垮，做了之后，也不能保证它不会垮，但我还是想试试。"绝望之时，松屋请来形象设计专家进行全面诊治，最终成为银座最著名的购物场所。形象设计专家提出的"集客第一主义"也成为营销学划时代的观念。

由此可以看出，日本的 CIS 战略是指

图 1-9 KIRIN 麒麟啤酒公司标识

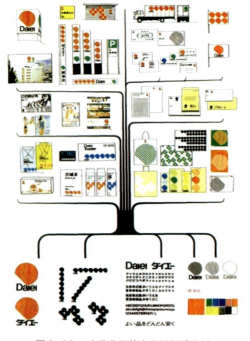

图 1-10 大荣公司的企业识别系统树

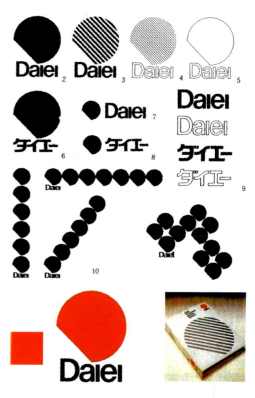

图 1-11 ［日本］大荣百货公司标识
——中西元男设计——吉村、三宅康文

以企业理念识别系统为核心，强调视觉识别的标准化、系统化，重视理念识别、行为识别和视觉识别的整体性，追求传达企业独特的经营理念，并与企业文化建设紧密结合，塑造良好的企业整体形象；具有以人为本和以认知企业理念为核心的显著特征，是企业文化型的 CIS 战略。

2. CIS 全球化并呈现"整合管理"趋势

二十世纪七八十年代美国社会经济进入波动和低迷期。为提高企业运营效率，CIS 形象思想向整合化、流程化方向演进，逐步全球化。

这个阶段最重要的理论是企业识别（CI 理论）。受战略管理理论的影响，企业识别从"单纯的视觉识别"扩展到包括企业战略、企业文化、组织行为和视觉感知等诸多要素在内的"企业整合识别"，各种识别要素在企业战略管理理念下进行规范和统一。日本和欧洲学者在这个时期有许多理念上的突破，塞尔姆、卡特、派克是这个时期的代表人物。整合管理体现出品牌形象思想从"以生产为中心"转向"以市场为中心"的特征。

赛尔姆夫妇是二十世纪七八十年代美国的设计专家。他们在 1968 年创办了赛尔姆设计公司（Selame Design），为美国企业提供了 50 多年的品牌形象设计服务。赛尔姆夫妇出版了《企业形象》（1975）、《企业识别策划：如何脱颖而出》（1975）、《包装的力量：企业识别和产品认知》（1982）等系列书籍。丈夫去世之后，埃莉诺·赛尔姆继续着企业识别的实践与研究工作，后来成为国际包装设计协会（Package Design Council International）主席，直到九十年代还笔耕不辍。赛尔姆夫妇的著作成为美国经典的企业识别教材。从设计观念上看，这些书籍没有突破视觉识别的范畴，但是他们的视觉设计管理思想促进美国识别设计进一步走向了规范化和系统化。他们的美国企业形象理论主要有符号整合理论与全球化识别思想。

（四）传播时期

1. 中国台湾企业形象设计

中国台湾企业形象策划的过程大致分为三个时期：

第一个时期（1970 年以前）。中国台湾引入企业形象。台塑企业董事长王永庆聘请曾留学日本的郭步雄为台塑企业设计出一种浪漫形外框，象征着企业整体连绵不断的发展趋势（如图 1-12）。

第二个时期（1971—1980 年）。这是中国台湾企业形象策划发展的初期。这一时期台湾企业普遍重视视觉识别系统，

图 1-12 台塑企业标识

偏重企业表面形象的设计，如味全股份、大同公司等，多是在企业或产品标识上做调整，以便统一各分公司和分支机构的标识形象，为企业的发展做一些最基本的工作，并为建立具有中国民族特色的 CIS 战略奠定了坚实的基础（如图 1-13）。

图 1-13 味全公司的标志和标识字

第三个时期（1981 年之后）。在 1985 年之前，台湾出现了企业集团化倾向，许多企业经过垂直整合和兼并，以及横向扩张和多角化经营的调整，形成了一个个庞大的企业集团。这些企业集团为了树立自己在海内外的良好形象，纷纷利用各种方式和渠道来塑造企业形象，以提高企业的竞争力。

1985 年至今，中国台湾企业形象策划得到了快速发展，应用日益广泛，并向纵深领域开拓。台湾企业从初期的生产加工型工厂，快速调整为创造自己品牌的战略，是企业发展战略的巨大进步，奠定了

企业走向国际市场的基础。

2. 中国大陆企业形象策划

①工业设计中的运用。1949 年，新中国成立后，虽没有系统地引进企业形象战略，却在工业设计中有过运用。铁路系统的企业形象设计就是比较成功的。由"人"和"工"组成的"仝"图案标识，简洁、明了、美观、大方。"人"寓意人民铁路，为人民服务是铁路的基本宗旨。"工"寓意工字形铁轨的横断面，表明这是铁路企业，又寓意为工人阶级当家做主的企业。整个"仝"又可抽象地视为火车头的正面形象，充满力量，奋勇向前，势不可当。整个图案用红色表现，鲜明醒目，寓意这是中国共产党领导下的企业。总之，以"工""人"二字和火车头、铁轨的象征图形构成的人民铁路的主题，不仅形象精练、美观，而且寓意深刻、庄重大方，堪称杰作（如图 1-14）。

②企业形象战略理论的引进。企业形象战略这一新的设计观念在二十世纪八十年代中期伴随着改革开放的浪潮传入中国。1984 年，浙江美术学院从日本引进一套企业形象资料作为教材在校内使用。此后，各美术大专院校纷纷在原来教学内容的基础上增加了企业形象的视觉设计的教学内容，所以企业形象策划设计最初仅是以教材的形式进入中国的，且局限于视觉识别方面。

随着改革开放的深化，国内经济发展和竞争的需要，催生和呼唤着形象设计走出艺术院校，与企业经营管理结合，为塑造中国企业新形象服务。1987 年，广州美术学院设计系根据企业的需求成立了"广东集美广告有限公司"，让企业形象设计从教学走向为应用和实践服务。

1988—1990 年，"新境界"协助广东太阳神集团公司导入企业形象取得了巨大成功，当年营业额便达到 520 万元，1990 年实现 4000 万元，1991 年达到 8 个亿，1993 年超过 12 亿元。太阳神集团公司导入企业形象的成功探索，开创了我国企业形象策划的先河，被理论界称赞为"中国特色的企业形象经典"（如图 1-15）。

企业形象被企业家认识，企业形象设计也从单纯的制作上升为整体策划，成为企业市场营销的重要战略。随后，许多企业导入企业形象战略，如健力宝集团公司

图 1-14　铁路系统标识

图 1-15　太阳神集团公司标识

图 1-16　健力宝集团公司标识

（如图 1-16）、李宁运动服装有限公司、浪奇实业有限公司、神州燃气具联合实业公司、白云山制药厂等一大批企业，都得益于企业形象策划而崛起，成为我国著名企业。

③企业形象策划在全国的推广。随着改革开放不断向纵深发展，经济增长方式从粗放型向集约型转变，企业形象策划相应地从广东省传向全国，伴随着改革开放的浪潮由南向北、由东向西逐步推进，进入二十世纪九十年代已在全国推广，主要表现在政府与行业组织的大力倡导、形象战略涉及各行各业、企业形象策划研究日益活跃、企业形象策划知识普及、企业形象策划队伍扩大等五方面。

中国大陆正式导入 CIS 战略理念是二十世纪八十年代。大部分企业都是导入美国式或日本式的 CIS 战略模式。因此，现在要对"中国式的 CIS 战略"下个定义，也许还为时过早。但是，随着我国改革开放的不断深入，全球经济一体化步伐的加快，国内外市场竞争的升温，一个以中华民族文化为基础、东西合璧的中国式的 CIS 战略将展现在世人面前。

（五）拓展时期

1. CI 在非企业组织中的应用

随着 CI 在企业界的成功推广，随着医院、学校、新闻单位等走向市场，CI 也进入这些事业单位、政府部门、行业协会等社会团体。人们发现，CI 并非企业的专利，非企业组织一样需要 CI。

电视、报纸、杂志和户外广告愈来愈多地刊登医院、学校广告，不仅传播其标志，而且突出各自的人才、技术、环境、服务，注重通过广告树立品牌，创立名医院、名学校，宣传方式就是 CI 策划。海南劲艺设计工程机构在海口市妇幼保健院和海口市人民医院 CIS 策划设计项目中充分借鉴运用了 CIS 原理，效果显著。

2. CI 得到行业组织、国家有关部门青睐

市场经济初级阶段的企业管理协会、各行业协会等，均扮演着某种半官方的角色，依靠这种半官方的权力号召企业。但随着市场经济体制的逐步确立，行业协会的行政领导不灵了。企业需要的是协会实实在在的支持、帮助和服务，解决实际问题。于是他们终于发现应该改变角度和位置，提出协会的服务理念。向企业特别是会员单位提供新知识、新理论、新经验等服务，逐渐将疏远的会员单位聚拢来。这样，一些行业协会也开始了 CI 的应用。他们知道，国外的行业协会具有强大的组织指导和协调功能；而中国的行业协会从计划经济走向市场经济，也必将发挥更大的作用。在这个转换过程中，CI 是有力的助手。

一些国家部门也开始了自己的形象设计。应该说，国家部门的 CI，传播的意义和作用要大于企业。2005 年 4 月 20 日，公安部颁布了《公安派出所建筑外观形象设计规范》，要求在 5 年内基本统一全国公安派出所建筑外观形象，有些省市的公安厅还制定了相关内务管理规范。

那些原来属于国家垄断经营的邮政、电信、铁路、航空、电力、石油等具有某种行政色彩的部门，早已在市场经济的冲击下逐步改变了其"行政面貌"，而回归到"企业定位"上来。

3. 开拓具有数字化特质的形象识别系统

在企业形象识别系统（CIS）设计中，作为策划设计人员，关注的核心是企业视觉化系统。数字技术中独特的数字设计语言，使视觉传达系统经历了深刻的变革，并导致了设计语言的重构。

随着数字技术的发展，企业形象领域的发展也从不同的方面体现了数字化的进程，并一度在设计领域引发了关于企业形象再设计的思考。一方面企业形象应更加贴合时代的要求，另一方面数字化技术又为企业实现数字化提供了可能，从而出现了具有数字化特质的企业形象。

4. CI 成为新时代组织形象有效识别的符号

在信息传播高度发达的现代社会，形象识别是任何一个机构都必须具有的表征。广义的 CI 战略是一个组织（企业、团体、机构、法人等）的识别设计。许多非商业机构也需要在自身形象传达上不断完善和创新，凝聚内部，沟通外部，在现代社会中求得更好的发展，CI 形象设计的理念被逐渐借鉴和应用。

随着时代的更迭，人们对生活的理解逐渐发生变化，需求层次上升。因此，企业形象设计的发展倾向于更具亲和力，更贴近于自然，在设计中秉持"以人为本"的设计理念，抛弃那些过于苛刻、严格的界定和要求，使设计更加人性化。

二、CIS 的主要特征

（一）CIS 的系统性

CIS 于二十世纪八十年代风行于日本，比美国的 CIS 全盛期大约晚 10 年。现在 CI 已成为企业界的热门话题，CIS 设计逐步系统化，具体表现为设计内容的系统化、设计主体的系统化、设计程序的系统化。

1. 设计内容的系统化

日本研究人员明确指出，光是具有企业标志并不表示企业实行了 CI，因为 CI 必须系统化，否则就无法发挥情报的有效性。因此他们认为，必须先考虑并确定三大要素。第一要素是企业理念，第二要素是企业的结构和行动，第三要素是企业的视觉性表情。

用语言、文字来设计和表达一个公司的生存价值、社会使命、精神状态、经营宗旨等，能起到鼓舞全体职工团结一致奋斗的作用，也是 CIS 设计的内容之一。像保罗·兰德那样，把文案"视觉图像化"，被称为"企业视觉识别（Visual Identity）"设计，简称为 VI 设计。提出关于公司生存价值等的"文案"，并以箴言、成语、座右铭等形式出现，让人们读到这些文案时能够联想到公司的未来，并产生震撼心灵的作用，被称为"企业理念识别（Mind Identity）"设计，简称为MI设计。用语言、文字来设计和规范公司及其员工的行为，并能够促进一个公司经营宗旨的落实，被称为"企业行为识别（Behavior Identity）"设计，简称为BI设计。

总之，CIS设计就是指企业、公司或团体在形象同一方面的设计；它是一个系统工程，包括MI、BI、VI三个分系统设计，也就是CIS三个基本的构成要素。这三个分系统的设计相互联系，但又相互区别，

构成一个完整的CIS规划设计总系统。

如果说CIS设计第一阶段的代表作是彼得·贝伦斯为德国AEG公司所做的设计，CIS设计第二阶段的代表作是保罗·兰德为美国IBM公司所做的设计，那么，CIS设计第三阶段的代表作就是中西元男于1978年为位于日本东京银座的松屋百货店所做的设计（如图1-17、图1-18）。第四阶段，就是始于二十世纪

图1-17 松屋百货店的旧标志（左）与新标志（右）

图1-18 松屋百货店系列组图

九十年代，当前仍在继续的"CIS风行于全球的普遍化阶段"。这主要发生在发展中国家。我国在1978年才开始对计划经济实施改革，1992年才明确建立社会主义市场经济体制，因此在二十世纪八十年代末和九十年代初才使CIS登上企业形象建设舞台。如今，中国的CIS事业前途一片光明。

2. 设计主体的系统化

任何一个企业的CIS设计，其主体不能只是专业设计公司，最主要的还是这个企业的领导和全体员工，是企业内部全体人员和外部专业设计人员同心协力形成的设计系统。

日本理论界明确指出：CI须由企业本身自行推动，不应由专业公司一手承包。企业本身和专业公司的关系，如同孕妇和助产士的关系，生孩子必须靠孕妇自己的力量，只有在情况紧急、需要剖腹生产时，才寻求协助，此种协助的角色，正是CI专业公司所应扮演的角色。

显然，设计主体的系统化，是设计内容系统化的必然要求。如果把设计主体限定为只是专业设计师，那么CI设计最多也就只能停留在VI设计方面，设计的舞台也就变小了。事实上，正如我们在松屋百货店这个案例中看到的那样，CIS设计除了设计视觉标志以外，还设计着一个公司的理念和行为，以改变公司的经营理念，提高工作人员的素质，规范公司整体及其员工的行为。所有这一切，都不是设计公司所能独立完成的。

3. 设计程序的系统化

随着设计内容的系统化，设计程序也逐步明确化、规范化和系统化。日本理论界总结，日本型CIS的导入程序如下：第一步，董事长发动，高级主管统一认识，设置CIS执行机构；第二步，选择合乎本企业需要的CIS专业公司，同心协力开展工作；第三步，开展形式多样的活动，发动全体员工参加；第四步，开展横向沟通，不同人员之间进行交流研讨，增进彼此的认识；第五步，着手设计，包括设计准备、现状的深入调查分析、MI设计、BI设计、VI设计五个方面；第六步，准备实施，加强职工的改革意识，提高员工素质，着眼公司未来发展。由此可见CIS设计程序的系统性。

（二）CIS的同一性

CIS是使企业的价值理念、道德精神、经营哲学、管理制度、行为准则、活动风格、企业标识、企业环境、形象传播等具有统一性、代表性和权威性的法则，是企业视觉化的交流和识别体系。CIS规划设计是企业哲学的具体反映，除了要反映企业文化的内核——理念识别外，还必须有一整套与企业精神理念相适应的视觉识别和行为识别。"同一性"（Identity）是CIS中非常重要的概念。如缺乏"同一性"，员工与企业的理念、价值观产生分歧，社会大众对企业的形象认知产生错位，都是不一致的现象。企业向外界发送广告信息时，如出现不同形状、大小或色彩的标志、标准字体，更是不一致的表象。因此，如果能用统一的方法、统一的要求传达企业的信息，使大众形成统一的印象，便能扩大企业的影响。CI 的规划设计和导入，就是要建立起统一的识别系统，以代替或变更企业信息传递不规范、相异甚至相抵触的现象，从而达到理念、行为和视觉上的高度一致。

因此，在 CIS 规划设计中，各个项目必须主题鲜明，基调一致。一个没有统一、明确主题和基调的 CIS 计划，是不可能深入到企业内部员工和社会公众之中的。设计师必须从企业与环境关系的整体出发，把握 CIS 计划的宗旨和要点，将其扩散到 CIS 计划的所有环节。

（三）CIS 的识别性

CIS 本身是一种差异化战略，一种突显企业与品牌个性的策略。随着科学技术的不断进步，企业之间在商品质量和销售数量上的差距不断缩小，因此必须建立一套统一完整的形象识别系统，以准确地传递经营理念、经营行为、经营方式等信息，树立具有差异性特征的形象。只有企业与众不同，才能引起消费者的注意。有效的企业识别系统能准确地传递企业经营理念中看不见、摸不着的信息，对人们产生恰当的暗示，使之产生恰当的联想。

CIS 的统一观念是针对企业内部而言的，差异观念则是企业之间区别的基本要求。显然，通过声音、文字和图像乃至行为所传达出来的 CIS 观念如果实施有效，便会对市场产生决定性作用。企业的价值观是企业文化的核心，因而是 CIS 战略的中心目标。当围绕企业基本价值观所制定的一系列行为准则经声音、文字、图像等形式表达出来并在制度的监督下持续实施时，就会深深地影响每一名员工。

（四）CIS 的形象性

CIS 的形象设计可分为无形形象和有形形象的设计。社会公众对企业认知的印象和程度，基本上分为认知、好感、信赖三个阶段。即从不知到"认知"，意味着只是某些信息传入了大脑；"好感"则多了一些主观的感情色彩，说明企业和产品已经得到肯定的评价；"信赖"往往与企业的实力相呼应，这一阶段才有可能达到"购买"的目的。而企业的建筑外观、生产规模、广告公关活动、经营服务、员工行为等具体的有形形象的设计、规范和塑造，目的是促成公众的无形形象。也就是说，借助有形形象去取得"信赖"的认同，既而形成无形形象，才能真正树立企业的良好形象。

CIS 形象设计的目的性很强，它不是一种盲目的行为，而是"塑造企业新形象"。企业形象是企业通过自身的各种活动，借助各种媒介，如企业的产品、环境、广告、服务态度等，作用于消费者和社会大众，从而让他们心目中形成对企业的整体认知。塑造企业新形象的最终目的是提高企业声誉，获得经济效益。良好的企业形象可使社会大众较容易感受到企业个性的震撼力，从而提高其社会知名度，使全体员工产生信心和荣誉感。CIS 是企业对内、对外塑造形象的工具。

（五）CIS 的文化性

CIS 是企业的一种经济行为，更是一种文化行为。一个企业的经营理念和企业精神，是这个企业的文化本质之所在。在一个企业内部，从领导到一般员工，都必须对自己企业的发展目标有清醒的认识，具有一种不可改变的归属感，将自己的精神和理想寄托于企业的发展和未来。在一个企业的文化体系中，价值观无疑是最重要的。价值观代表了一个企业全体职工为之努力的目标，也为他们的日常行为准则提供了精神依据。价值观使职工团结在一起，推动企业不断地向前发展。企业导入 CIS 的过程，实际上就是一次发挥、强化和传播自己的价值观文化体系的过程。

（六）CIS 的长期性

CIS 是一个发展的概念，优秀的 CIS 策略应具备承前启后、继往开来的延展特性。导入 CIS 时，决策层在充分考虑本企业特性的同时，要对企业的发展趋向、发展目标做出合理的预见，使 CIS 既表现出企业的个性，又有较大的涵盖力。CIS 不是短期的即兴设想，而是长远规划，是定期监督和领导管理组织化、系统化的规划，CIS 面临一个如何在新的历史条件下调整自己以适应新时代的问题。

1886 年，美国亚特兰大的药剂师派伯顿（J.S.Pemberton）创造的可口可乐饮料，百年来以其独特的口味，通过营销战略和广告战略为主的市场活动，已具有风靡全球的魅力。1969 年 10 月可口可乐公司发布了全新的识别系统，并散发以《迎接 70 年代》（Meet The 70'S）为题的手

册，说明可口可乐标志变更的原因。文中说："70 年代是转变的年代，是生活形态、价值观、个人志向等转变的时代，更是'More'的时代。"手册扉页上即以 More 为标题，预言 70 年代将是人口激增、收入增多、家庭中心化、闲暇增多、受过良好教育的年轻白领阶层增多、人口与都市密集、活动空间扩大、动荡增多的时代。可口可乐公司新的 CIS 计划正是为了适应新的时代精神，领导时代潮流而展开的。1970 年，可口可乐公司正式导入了新的 CIS 计划，其宣传广播的强烈视觉效果令人耳目一新。企业导入 CIS 对消费者也是一种提示：虽然产品已经更新换代，但我还是我，与过去不同的是，我具有更多适合你的特点，我更加成熟了（如图 1-19）。

图 1-19　可口可乐公司新 CIS 计划

三、CIS 的意义与作用

（一）CIS 导入是市场经济时代的呼唤

1. CIS 导入是现代企业经营战略的需要

从 CIS 发展的历程可知，它最早开

始于第二次世界大战之前的德国，一家名为 AEG 的公司率先将 VI（视觉识别）理论应用于经营，获得较满意效果。到二十世纪五十年代，欧美许多国家相继开发出不同的企业识别系统，其中美国的 IBM 公司最为成功。IBM 在公司乃至全世界分支机构统一企业识别形象，创造出举世无双的企业规模与企业形象，六十年代末 CIS 传到日本后，日本将注重人的精神的企业文化注入了 CIS，极大地丰富了以视觉识别为主的 CIS，成功地进入了世界市场。二十世纪八十年代初，亚洲四小龙的企业导入 CIS，取得了惊人的成效。二十世纪八十年代末，CIS 被引进我国，首先在广东潜滋暗长，然后开始风行于东南沿海企业，获得前所未有的成功，"健力宝""三九""太阳神""红豆"等品牌腾飞九州。如今 CIS 已在全国上下得到广大企业和其他组织机构的认同和应用。

2. CIS 导入是树立鲜明的企业标识的需要

在明确经营理念后，采用统一的形象和一致的格调，把企业的名称、标志、标准文字、造型、颜色、图案，以及企业经营方针、行为规范、文化氛围、公关特色等，通过企业、员工、外界传媒传递出去，向社会公众展现系统、完善的企业形象，给人们造成感觉冲击，塑造企业在人们心目中深刻的印象，从而大大提高企业的知名度。独特新颖的企业标志能给人以视觉上的先入感，造型上的生动形象性和精巧工艺性能够吸引人们的注意力。如日

本三菱公司的菱形标志、德国奔驰汽车的星形标志设计得就很成功，简洁、明快，视觉效果极佳。

3. CIS 导入是增强企业凝聚力的需要

企业对员工有没有凝聚力，主要体现在四个方面：一是现状收入和福利待遇，二是员工积极性和创造性的调动程度，三是企业在社会上的知名度，四是企业向职工展示的发展前景。这些都与企业的整体形象直接相关。卓越的企业形象对外能适应消费者的消费心理，对内则能强化企业员工的归属意识，保持企业整体旺盛的生命力。企业通过自身形象所具有的魅力感染身在其中的每一位员工，使员工在认同的价值观的基础上凝聚起来，形成同质群体。如日本索尼电器公司不仅在本国企业，甚至在国外的子公司也树立起索尼公司的旗帜，以时刻提醒职工是索尼"家庭"中的一员。

4. CIS 导入是获取社会公众认同的需要

随着企业多元化经营的不断拓展，企业的产品种类也必然增多，商标、品牌及其他经营环节的不一致性也容易产生，从而会淡化企业的主体形象。导入 CIS 后，可有效地克服上述弊端，并通过各种传播媒介给社会公众留下整齐、一致、规范、完善的感觉，获得社会公众对企业整体形象的认同。例如，广州油脂化工厂原来有 50 多个产品，不但企业形象模糊，而且还出现了"自相残杀"的情形。企业导入 CIS 后，对厂容、厂貌、品牌、名称、

商标、色调等进行了规范化的设计，推出"浪奇"总商标，使企业形象变得鲜明，销售量迅速扩大。

（二）CIS导入是现代企业发展的必经之路

1. 有利于与国际市场接轨

二十世纪九十年代以来，企业集团化、市场超市化已成为国际经济发展的特征。在我国，随着企业改革的不断深入，这一特征也日趋明显。我国加入世贸组织后，企业在国际、国内两个市场都面临国外大企业的竞争。这两方面的趋势，要求国内企业在市场竞争中树立鲜明的企业形象，实施CIS战略，以统一、标准、规范的对外宣传和步调一致又充满活力的经营管理，抢占和定位市场。这样既能避免"形象移位"，互相残杀，又能避免"形象弱化"，竞争乏力。企业要依靠树立鲜明的企业形象和提高竞争能力来开拓市场。

2. 有利于推进技术进步

企业之间竞争加剧使市场上同类型的产品日益增多，而现代科技的发展和广泛应用，则缩小了企业之间产品性能的差距。在这种情况下，不能再依靠单纯的产品性能来吸引消费者，而需要通过塑造鲜明的企业形象来争取消费者。企业整体形象的设计，以人才和技术做后盾，企业形象的影响力很大程度上反映了企业综合科技实力水平。另外，企业需要依据自己的经营目标，重新定位产品的传播对象，吸引和争取消费者。企业导入CIS，必然更注重其整体科技实力和市场应变能力的提高，以确保在竞争中立于不败之地。

3. 有利于提高管理水平

CIS所体现的经营理念和企业精神，是企业发展的目标导向，是企业员工的行动规范，它可以确保在鲜明的企业形象下，实现经营者和全体员工关系的和谐，优化企业的经营管理。导入CIS，是企业管理正规化、现代化的象征，会使员工产生更强烈的自信心和自豪感，有利于企业内部凝聚力的增强，使企业各方面、各部分的功能以企业形象为轴心有序而高效地运行和发挥。

（三）CIS导入是企业取得优势的有效手段

1. 展现企业经营个性

CIS是以一种与企业目标相一致的方式来指导企业的各种传播，赋予企业视觉上统一的外观。一方面，它要使企业在同行中引人注目，脱颖而出；另一方面，又要真实反映出企业的本色。

随着市场竞争日益激烈，生产同类产品的企业越来越多，产品质量和性能也越来越接近，致使企业明显缺乏个性特征。这既反映了企业竞争的激烈，也模糊了企业的个性特点，给公众的消费选择带来了一定的困难。只有那些有个性的企业组织识别才具有冲击力，才能在众多的信息媒介中引起人们的注意。

美国假日酒店是世界上最大的旅馆连锁店之一。假日酒店将旅馆分布在公路沿线，标志明显醒目；旅馆房间光线明亮、陈设干净、价格合理。由于这种个性化的经营，假日酒店已成为拥有1750家连锁酒店的集团（如图1-20、图1-21）。

图1-22 丰田汽车标志及其应用

图1-20 假日酒店毛巾

图1-21 假日酒店路牌

2.激励员工奋发向上

CIS的传达对象，不仅有消费者和社会大众，同时也有企业内部的员工。从外部看，良好的企业形象可以获得大众信赖，从而改善经营环境。从内部看，可以使全体员工有一种归属感、优越感和自豪感，最大限度调动员工的积极性，使企业保持旺盛的活力。

日本丰田汽车公司的理念是"上下同心协力，以至诚从事业务的开拓，以产业的成果报效国家"，"发挥温情友爱的精神，把家庭式的美德，推广到社会"。员工在这种理念的引导下，激发了工作的使命感、责任感，产生了强烈的拼搏精神和献身精神，由此创造出"车到山前必有路，

有路必有丰田车"的奇迹（如图1-22）。

现代企业的竞争，不仅是新技术、新产品的竞争，更是人才的竞争。只有具备优良形象的企业，才能赢得人才市场的信赖，永葆企业的青春与活力。

3.提高信息传播效率

企业的一切活动都直接或间接地牵涉信息传递。然而，在从事这种活动时，需耗费大量资金，如果传达出来的信息未能统一，不仅会浪费宣传经费，还可能引起大众的反感。反之，如果采用有组织、统一性的方法，传达企业经营信息，便可以塑造独特的形象，增强信息的可信度。

导入CIS后，可以强化信息传递的频率和强度，提高企业与产品的知名度，增强广告效果。企业所属各公司、各部门可将统一的设计形式应用到所有的项目上去。这样做既节省了设计制作费用，避免了视觉传播纷乱的现象，又可以提高企业向社会传播信息的效率，收到更好的广告效果。

肯德基快餐店以创始人肯德基老人的形象做标志，以美国国旗的红蓝两色作为标准色，形象鲜明，亲切可爱，高度统一

图1-23　肯德基快餐店标识

（如图1-23）。

4. 塑造企业良好形象

CIS的实施，有利于企业个性的展现，对企业拓展和占领销售市场起到了积极的推动作用。消费大众对于有计划的视觉识别系统，容易产生组织健全、制度完善的印象，进而增加对企业的信赖感和认同感。

未来企业的竞争不仅仅是产品品质、品种之战，更重要的还是企业形象之战。产量、销售量的上升犹如企业建起自己的钢筋混凝土大厦，形象建设则为这钢筋混凝土的大厦披上万丈金辉，使之有擎天立地之感。IBM公司于1955年导入CIS，标志最初是粗黑体，简明易读，具有强烈的视觉震撼力。随着企业的发展，要求以表现经营理念为首要因素，于是又设计出以蓝色条纹构成的IBM字体标志，成功地建立起IBM高科技"蓝色巨人"的形象。IBM良好的形象得到了社会的公认，开创了世界范围内实施形象设计的潮流。

5. 获得可观经济效益

无形资产是指没有物质实体，不可物化量化，但可以被企业拥有并利用的资产，例如企业的影响力。消费者在产生购买行为前对商品或企业必须有好感，在产生好感前需要了解商品或企业的存在。CIS正是展现自己形象的一种设计系统，它将企业的经营理念、企业文化，以及名称、标志等特征通过广告、包装、产品及服务向外界传播，给社会公众一种信任感，从而产生购买和消费欲望，最终使企业产品畅销。这种经过策划设计建立起来的企业形象，都是企业的无形资产，有着极其重要的经济价值。

"金利来"是我国导入CIS成功的典范。金利来公司开创者曾宪梓先生立志要创造一个中国名牌，于是他导入了CI设计系统，设计商标，从而占据市场竞争优势。公司通过铺天盖地的广告宣传，在短时间内赢得了广泛的社会声誉，产品销量大幅度上升，最终带来了巨大的经济效益。CI的推行，展示了"金利来"公司的个性风采，因而在激烈的市场竞争中脱颖而出。

6. 加速开发国际市场

随着经济的发展，企业将面临更多的国际合作、更大的国际市场、更强的传播媒介。随着生产规模的不断扩大和科学技术的进步，产品在价格、质量和技术含量上的差距日益缩小，企业之间的形象混淆将会比以往任何时候都更普遍、更严重。同时，由于经营国际化，一个企业将不可避免地遇到不同国家、民族和文化带来的各种问题。如果说未来企业的竞争是一种全方位竞争的话，那么 CIS 系统的创建与实施，将是这场竞争中不可缺少的锐利武器。CIS 不仅为国际化交流提供组织与品牌的形象识别语言，还可以帮助树立国际形象，扩大国际知名度，加强与其他政府、国际集团的联系和合作。

第二节 ⋮ CIS 与组织文化的整合

未来商品市场，已不再是商品策略和价格策略上的竞争，而是企业营销活动融入文化意义上的竞争。以文化吸引顾客，以文化促销，是二十一世纪重要的市场营销竞争手段。在企业文化营销活动中，对传统文化的吸收和利用，突出民族文化特色和历史文化内涵，在二十一世纪给企业带来了新的市场竞争优势。

一、企业组织文化建设是企业管理的核心内容

（一）"以人为中心"是现代管理的发展趋势

管理是通过计划、组织、控制、激励和领导等环节来协调人力、物力、财力和信息资源的，以期待更好地达到组织目标的过程。现代管理理论认为，管理的对象包括人、财、物、信息、时间五个方面，其中，人在管理中具有双重地位，既是管理者又是被管理者。管理过程各个环节的主体都是人，人与人的行为是管理过程的核心。

"以人为中心"是现代管理发展的重要趋势。企业组织文化理论正是顺应这一趋势而诞生的一种崭新的管理理论，其中心思想就是"以人为中心"，因而，它就自然地成为现代化管理的重要组成部分。一个企业，其物力、财力、信息资源都是有限的，而人力资源的开发则永无止境。在我国生产力水平尚落后，资金、原材料等资源尚紧缺而人力资源又较丰富的情况下，开发、管理好人力资源具有特殊的重要意义。人的潜力发挥出来了，物力、财力、信息资源也可以得到更好的利用，企业的效益就能提高。所以，对我国企业而言，企业组织文化建设具有极大的现实必要性。海尔、长虹、联想、华为、衡水机电、北京松下、森达等优秀企业坚持以人为中心的管理，建设形成了优良的企业组织文化，依靠优秀的员工队伍在激烈的市场竞争中获得了显著的优势，这首先归结于它们具有优秀的企业组织文化作为指导。

（二）市场营销理念是企业经营的制胜法宝

市场营销作为企业经营管理的一项基本功能，在企业发展过程中的作用正发生

着变化。与传统的市场营销职能更多地侧重简单的市场研究和产品销售相比，当代企业的市场营销作用正在发生变化，即市场营销进一步向企业管理的高层与深层发展，成为企业经营哲学的重要组成部分。市场营销观念与策略运用到企业经营哲学的策划方面，目前已经有了一个全新的操作体系——企业形象系统（或称企业识别系统）策划。当代企业的市场竞争已发展为技巧、战略和理念三个层次的系统竞争，企业的市场营销活动也相应地在这三个层次上全面展开。

1.技巧竞争与组合营销

这是最初级的市场竞争与营销策略，企业主要围绕产品及其营销组合策略及技巧展开一系列的竞争活动，如产品质量竞争、研究与开发竞争、价格竞争等。这一层次的中心是如何制定高效率的市场竞争和营销技巧。

2.战略竞争与战略营销

自二十世纪六十年代企业经营战略得到发展以后，国际范围内企业的市场竞争也进入了战略竞争时代，企业需要自下而上围绕发展的根本目标，构建企业独特的竞争优势，最终实现企业的增长与长远发展。这一层次的中心是如何进行资源的最优配置，确定企业合适的增长战略。

3.理念竞争与企业形象营销

这是最深层、最高级的市场竞争与营销策略。随着社会经济技术水平的提高，企业在产品、技术方面的差异性将日益缩小，企业的市场竞争将体现为企业营销理念及外在形象的竞争。这一层次的中心是如何确定企业鲜明而独特的营销理念，树立企业成功的社会形象。

上述三个层次，从时间上看是企业市场竞争与市场营销逐步深化与提高的过程。二十世纪五十年代以前是企业营销的"技巧时代"，六七十年代是"战略时代"，而从七十年代末开始，则进入了"理念时代"。从此，企业的市场营销不再以顾客需要作为唯一的导向，而开始以注重企业形象的塑造来增加企业及其产品的市场价值，从而引导市场、开拓市场。

二、CIS是企业组织文化建设的工具

（一）CIS与企业组织文化的区别

从广义上讲，CI策划是任何一个组织不可或缺的识别设计，它包含了组织形象识别系统（OIS，Organization Identity System）及向各领域渗透的完整的宣传策划与措施，OIS在习惯上被称为CIS。因此，CIS（或OIS）具有以下含义：

第一，是组织文化建设最有效、最快捷的手段和方式；

第二，是组织形象的塑造过程，是组织文化的外显形式；

第三，是组织机构管理的一项系统工程，是组织经营战略的组成部分。

实际上，CIS是企业文化在传播媒介和对外交往中的映射，企业组织文化则是CIS的核心和灵魂，CIS与企业文化是一种标和本的关系。导入CIS进行企业形象塑造工程，也是企业文化建设过程中的重要组成部分。以下将从两个方面对二者的关系进行分析。

1. 本质上不同

从定义上看。企业文化是员工共同的价值理念和行为习惯。而 CIS 是将企业理念统一、整体地传达给公众，使他们对企业产生认同感。对于企业文化而言，CIS 只是一个对外的媒介传播过程。

从作用方式上看。企业文化的体现是企业管理，是借助于企业的培训教育、树立榜样等表现出来。CIS 则是通过策划活动，以专业的视觉设计、公关活动为载体。

企业文化是属于思想范畴的概念，而 CIS 是通过工具将思想变成让大众容易接受的信息，达到了解企业、认识企业、选择企业产品的目的。

企业文化是一种柔性的管理方法，而 CIS 是把这种管理推向社会，以获得社会的认同，吸引和凝聚人力资本的一种活动。

2. 内容与形式上不同

首先，企业文化是一种客观存在，而 CIS 是企业文化在人们头脑中的反映，属于人类的主观意识。因此，企业文化是 CIS 的根本前提，企业文化决定 CIS。

其次，由于人类认识过程受到自身认识水平的限制，这决定了 CIS 与企业文化之间必然存在某些由人类认识造成的差距。随着认识的不断深入，两者之间的差距会逐渐缩小。

最后，由于企业自身需要，企业文化有些内容不会直接向外传播，这也使得 CIS 与企业文化在内涵上存在差别。

（二）CIS 与企业组织文化建设的联系

1.CIS 系统各层次与企业文化相对应

从 CIS 的构成来看，它的三个层次——理念识别系统、行为识别系统和视觉识别系统，与企业文化的精神层、制度层、物质层之间存在着相互对应关系，即企业理念支撑企业使命，制度保证理念，视觉表现理念，制度驱动行为，行为实现使命与目标（如图 1-24）。

企业文化精神层——理念识别系统

企业文化制度层——行为识别系统

企业文化物质层——视觉识别系统

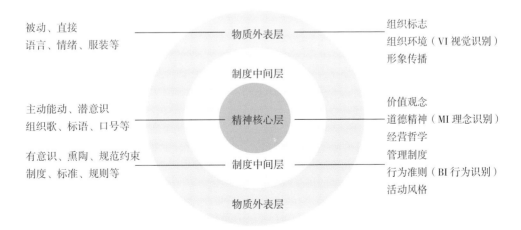

被动、直接
语言、情绪、服装等 ————— 物质外表层 ————— 组织标志
组织环境（VI 视觉识别）
形象传播

制度中间层

主动能动、潜意识
组织歌、标语、口号等 ————— 精神核心层 ————— 价值观念
道德精神（MI 理念识别）
经营哲学

有意识、熏陶、规范约束
制度、标准、规则等 ————— 制度中间层 ————— 管理制度
行为准则（BI 行为识别）
活动风格

物质外表层

图 1-24　组织文化结构层次和影响要素图

首先，从精神文化与理念识别的比较上看，精神文化包括企业经营哲学、企业宗旨、企业价值观等，而理念识别则包括企业使命、经营策略、经营方针等内容。企业理念是精神文化中的组成部分，主要通过企业精神方式所反映。

其次，从制度文化与行为识别的比较上看，企业制度文化是企业员工在生产经营和人际关系中产生的活动文化，而行为识别则是对所有企业行为和员工操作行为实行系统化、标准化、规范化的统一管理，以便形成统一的企业形象。由此可见，企业制度文化与行为识别所包含的内容有许多相似之处，因为都是在同一企业价值观指导下进行的。

最后，从物质文化与视觉识别的比较上看，企业的物质文化是指由职工创造的产品和各种物质设施等构成的器物文化，如劳动环境和生活娱乐设施等；而视觉识别是指视觉信息传递的各种形式的统一，包括企业的标志、标准色、标准字、图案等。物质文化和视觉识别在许多方面是重叠的。

2.CIS 建设路径与企业文化相一致

CIS 是企业文化在传播媒介和对外交往中的映像。从认识过程来看，客观对象必须转化为可以传播的信息，才能通过媒介和活动被人类认识，这种媒介上和活动中反映出的关于企业文化的全部信息就构成了 CI 企业形象。

企业文化建设的路径是由内向外的，也就是说企业首先需要明确自己的价值主张，逐步调整和完善制度体系，系统改善内外形象。这个由内向外的顺序定不可乱。唯一的特例是企业可以内外兼修，即企业的 CI 系统建设可以相对独立地展开，规范的 CIS 建设基本上是由内向外的，路径方案和企业文化建设路径相一致。

3.CIS 规划设计和实施与企业文化建设密不可分

在企业文化的建设过程中，往往可以把企业形象策划作为企业文化建设的重要内容。因为企业理念文化的整合，包含了理念识别系统的设计；企业行为文化的规范，包含了行为识别系统的设计；企业物质文化的美化，包含了视觉识别系统的设计。

① CIS 规划设计企业的目标文化模式。企业文化建设是在认识企业文化的基础上，根据发展要求制定出目标企业文化模式，作为今后的建设方向。CIS 规划就是要设计出企业使命、企业目标等在内的企业理念，指导设计企业的行为形象、视觉形象。

② CIS 内部实施过程是企业文化的重要组成部分。CIS 在企业内部发表和实施的过程，就是员工自觉遵循企业理念、遵守企业制度、认同企业视觉形象的过程，因此它是建设企业文化的重要组成部分。

③ CIS 的对外实施有利于实现企业文化的辐射功能。企业文化塑造着企业形象，而企业形象深刻地反映企业文化的特点。先进的企业文化对社会发展有积极的推动和辐射作用，CIS 战略的实施就是这种辐射作用的体现。

④ CIS 在推动企业文化建设方面的作用。首先，CIS 的导入有助于建立企业形

象和提高知名度；其次，CIS 的导入会吸引大量人才到企业工作，能够提高企业生产力和整体人才素质；最后，CIS 的导入能够促进企业文化建设与发展。

综上所述，企业文化与 CIS 既有区别又有联系，企业文化能够从较高层次上指导 CIS 的导入，提高 CIS 策划的持久性；反之，导入 CIS 是企业文化建设的有效途径。

（三）企业文化在 CIS 设计中的体现

1. 打造企业个性化标签

所谓个性化，就是不论企业风格、经营策略，还是企业名称、标志、广告、招牌等，都能突出自己独特的企业文化和经营理念。

在中国最早导入 CIS 战略的是中国台湾的台塑集团，其波浪形、延伸式的企业标志，充分表现了台塑集团的产业特色，并且象征着整个企业连绵不断、蓬勃发展，建立起良好的企业整体形象，如今它已成为台湾地区最大的集团公司之一。中国大陆第一家导入 CIS 战略，并获得巨大成功的企业是广东的太阳神集团。在它的带动下，一大批经过 CIS 策划包装的新品牌、新企业，包括健力宝饮料、金利来领带、容声冰箱、美的风扇等，以强有力的市场开拓力，由南向北席卷全中国。

由上可见，CIS 设计中体现的独特企业文化能让消费者从庞杂的背景信息中将其识别出来，形成牢固的记忆。

2. 增强消费者价值认同

CIS 将企业的个性鲜明地表达给外界，也就是将企业个性或特色广泛地传达给外界，使外界产生固定的印象，从而获得消费者的认同。

麦当劳的金黄色圆弧拱形门，太阳神的以人托起的一轮红日，可口可乐的红色波浪，都形成了独具个性的企业文化，并被社会大众所接受。1994—1998 年，在全国茶饮料市场上开发得最早的河北"旭日升"，曾占据市场的 70%。但 1998 年以后，"康师傅"和"统一"先后进入茶饮料市场攻城略地，"旭日升"渐渐败下阵来。其败就败在 CIS 的理念设计上，"越飞越高，旭日升"的广告语，只是对品牌的注释和希冀；而"康师傅"的理念是"自然最健康，绿色好心情"，市场诉求切中"绿色"热点。可见，要想让企业持续发展，在导入 CIS 时还是要在文化上下功夫。

3. 树立企业独特形象

完整意义上的 CIS 规划设计，应包括有形形象设计和无形形象设计。有形形象设计主要指企业形象中视觉识别系统的设计，而无形形象设计则主要从非视觉方面，从感觉、行为、意识等角度，设计企业独特的价值观、行为模式和环境气氛。形象的价值是无法估量的，营销战场的赢家是品牌。

1955 年，美国 IBM 公司为了在电子计算机行业中树立起名牌形象，欲利用市场竞争，跻身世界大企业之列，决定对公司进行标准化设计。从理念识别（MI）来说，IBM 公司以企业生产经营的独特发展战略为中心，设计开发新一代电子计算机；从行为识别（BI）来说，公司以企业独特的行为方式为中心，实行全天候、全方位、全球性的限时维修服务；从视觉识别（VI）来看，以独特的运行实态为中心，确立企业的商品、商标、专用品牌三位一体的企业识别标志。他们设计了具有强烈冲击力的标准字 IBM，选取无云天空的蓝色调为标准色，以此象征 IBM 高精尖的技术。IBM 的 CI 设计推出之后，引起美国公众的强烈反响，从此确立了其霸主地位。

三、CIS 规划设计与企业组织文化的和谐统一

（一）建设原则相同，功能互补

1. 原则相同

企业组织文化建设和 CIS 导入，都十分强调独特性和同一性原则。企业组织文化作为经济与文化的结合点上形成的文化，无疑会因为企业的历史传统、社会环境、领导和员工素质等方面的不同而表现出千差万别。企业无论大小，都要追求标新立异和独树一帜，要以一种极强的识别性令大众过目难忘，最终在强手如林的市场竞争中脱颖而出。同时，企业文化中的三个部分又相互联系、相互依赖、相互作用，从而构成一个有机的整体，保持着高度的同一性。而 CIS 中的"I"是英文"Identity"的首写字母，主要包含两层含义：一是独特性，二是同一性。CIS 导入的原则：从视觉上说，必须具备独特的识别性；从运作上说，必须具备同一的系统性。

2. 功能互补

就功能而言，企业文化和 CIS 虽然都具有内"聚"外"昭"的作用，但侧重点有所不同。企业文化具有导向、凝聚、激励和约束四大功能，通过以企业价值观为核心的文化意识观念，说服、感染、诱导、约束企业成员，以发挥员工的积极性。

而 CIS 的最主要功能也是识别和传播，其识别功能是指企业将自己的理念，透过整体的视觉设计，起到让公众识别企业、认同企业、喜爱企业及其产品的作用。CIS 的传播功能包括 BI 的动态传播，如传播企业风格等企业经营信息；还有 VI 的静态传播，向企业内外传播企业的经营理念。可见，CIS 的功能尽管也对本企业内部员工起作用，但主要是针对广大消费者、社会公众和团体。因此，企业文化和 CIS"内""外"互为补充，相得益彰。

（二）实现和谐统一的战略整合

1. 实施 CIS 和企业组织文化面临的问题

现在我们面临的问题是观念和个性行为上的冲击以及企业间的竞争，并且这种竞争已经从局部的产品竞争、渠道竞争、促销策略竞争等发展到整体竞争。企业文化和 CIS 的启动无疑给我们带来了很大的挑战，主要表现为以下几点。

①我国加入 WTO 以后，企业面临稳固国内市场和开拓国际市场的双重任务，由此带来的是空前激烈的竞争。跨国企业文化与视觉的国际化要求现代企业须按国际规范和原则运行。

②随着城市经济建设的发展与物质文化的相对丰富，人们的消费心理和消费习惯不断发生改变，这使得对企业形象的认知在消费者领域中具备客观人文基础，在

文化层次上与物质消费上形成同一性与一致性。

③由于人们对自身形象的塑造日趋重视，倾向购买名牌商品以获取安全感，对消费品的选择带有明显的形象观念，于是树立企业的整体形象成为企业经济管理的重要内容。

困难与机遇并存，这是 CIS 在企业文化中的现状。然而客观环境不容我们退缩，我们只有迎难而上，视挑战为机遇，努力发展 CI，才能为我们的企业走向世界，争创国际品牌铺路架桥。在 CIS 与企业文化建设方面，企业文化与战略的和谐统一是现时代对企业提出的新要求。

2. 导入 CIS 与组织企业文化建设是一项长期的系统工程

在 CI 的推进中，要注重企业文化形象的建立和建设，将企业文化融入经营战略之中。我们从企业的现状出发，在推进企业发展时，要做好两个方面的工作。

①结合企业特点，注重社会奉献，开展公益活动，兴办文化事业。企业在塑造自身形象时，应明确企业不是单纯的商品生产者，更是某种文化的载体。如丰田公司建立起自己的"丰田会馆"，西门子公司、杜邦公司在大学设立了奖学金。这些活动体现了企业的社会责任感，树立了良好的企业文化形象。

②在实施 CIS 战略时，将企业文化与地方社会文化紧密结合。企业总是生存在一定的社会环境中，企业文化与地方文化相结合，更能增强其内部机制，丰富文化内涵，融入当地社会。只有将二者紧密结合，才是完整的 CI 战略，才能从根本上带动企业的发展，创造企业利益的最大化。

综上所述，CIS 规划设计是企业组织文化建设的工具，是加强企业组织文化建设的最快捷、最有效的手段和方式。CIS 的导入使独特的企业组织文化被社会认知、认同，有助于企业形象的建立和知名度的提高。因此，CIS 规划设计导入与企业组织文化建立在原则上是相同的，在功能上是互补的，在实施上是和谐统一的。

思考与练习

1. CIS 是怎样发展成熟的？

2. 美、日的 CIS 内涵有何差别？这种差别是怎样形成的？

3. 我国的 CIS 发展状况如何？如何结合国情导入 CIS？

4. 如何理解 CIS 的系统性？

5. 导入 CIS 对企业组织文化建设有什么作用与意义？

6. 为什么进行组织文化建设应导入 CIS？

实训项目

分析与鉴赏三个国内外成功的 CIS 导入案例。

1. 项目背景

对 CIS 的历史、概念有所了解后，需要进行一定的职业素质实训。对成功案例进行分析鉴赏，开阔眼界，丰富形象认识，巩固学习的知识，提高鉴赏能力和形象策划能力。

2. 项目任务

广泛收集 CIS 规划设计案例，根据不同类型进行分类整理，将个人认为具有典型特性的三个案例进行策划、规划、设计分析，提出个人观点。最终以 PPT 形式完成作业，展开课堂演示和讨论。

3. 实训目标

认真观察案例，对其中的理念、行为、视觉等方面进行分析鉴赏。收集、分类背景资料，分析其共性和个性，探寻其规划设计形式与信息内容的关系，并写出与陈述自己对诸方面的鉴赏分析报告，以提高自己的形象鉴赏能力和形象策划能力。

第二章

组织文化精神层规划

组织文化规划设计的实质是构建组织的目标文化，并将其作为今后组织文化建设的方向。组织管理者都期望员工行为符合组织要求。行为文化是由精神文化决定的。

组织理念内容的差别化是组织识别的基础。组织之间的差别来自组织不同的理念，不同的理念定位决定了不同的形象定位。组织理念的类型主要有境界目标型、群体观念型、质量技术型、市场拓展型和服务意识型。在规划组织理念时，需要将其具体化为理念识别的基本要素和应用要素。

理念识别的基本要素包括组织使命、组织哲学、核心价值观和活动领域等四项；理念识别的应用要素包括总体战略目标、愿景、发展规划、组织精神、组织经营理念与组织管理模式、组织形象标语和口号、组织之歌等。为了确立组织的识别性，必须根据实际，有侧重地、灵活地规划能够体现组织个性的理念应用要素项目。

第一节 ⋮ 组织理念识别系统（MIS）的基本特征

MIS 是 Mind Identity System 的简称，是指理念识别系统。理念识别系统是组织识别系统的一个重要组成部分，塑造、渲染、传播组织及其产品的理念识别形象，把不同的组织和产品特别是同类的组织和产品，以理念识别方式为主，从根本上迅速又准确地做出区分。理念识别系统既是组织识别系统的基础和核心，又是组织生产经营过程和组织识别形象的一个纵剖面。

MIS 理念识别系统主要有三大本质特征。第一，以语义信息传播为主；第二，以理念识别方式为主；第三，理念识别形象整体统一。

一、以语义信息传播为主

语言不仅是人们相互交往和交流的社会性产物，而且是一种语音、语形、语义、语法相结合的信息传播工具。观念意识是语言符号媒介的内在含义，决定了语言符号的所指，即语义符号所指称的对象。语义符号的媒介是观念意识的外在形式，决定了语言符号的能指，即语义符号能够以外在的形式和内在的含义指称相应的对象。一方面，语言符号以其语音和语形的直观感性形态，直接作用于人的第一信号系统；另一方面，语言符号以其语义和语法的逻辑理性形态，直接作用于人的第二信号系统。语言符号的信息传播过程，既是图形信息传播过程又是心理信息传播过程，更是意义信息传播过程，不仅把图形、心理、意义信息传播方式结合起来，而且强化了三大信息传播方式及其优势互补的整合功能和协同作用。

因此，意义信息传播以语义信息传播为主。以语义信息传播为主的理念规划，要充分发挥语言符号语义指称、提升、主导三大功能作用及其整合协同优势，认识、运用、表现企业和其他组织生产营运发展战略及其理念识别整合同一性，设计开发全局的理念识别系统，塑造、渲染、传播组织及其产品的理念识别形象。从这一点来说，组织识别规划设计及其理念识别规划，也就是组织生产经营过程的理念识别管理。

二、以理念识别方式为主

以理念识别方式为主，是理念识别系统的又一本质特征。有人认为，理念识别简称MI，是企业识别系统的三大构成因素之一，主要包括经营理念与企业精神，属于思想、文化的意识层面；也有人认为，MI（理念识别）意指在企业经营过程中的经营理念和经营战略的统一化。上述对于理念识别系统的理解，主要存在两个误区。

（一）将理念识别方式等同于理念识别系统

理念识别方式（Mind Identity）是理念识别系统（Mind Identity System）的主要识别方式。所以，理念识别方式不等于

理念识别系统。理念识别系统是由一系列理念意识识别项目组合构成的语义性识别系统。这些理念识别项目以理念识别方式为主，同时兼顾精神、文化等意识形态的意义识别方式。所以，理念识别系统不能等同于理念识别方式。

（二）将观念识别方式等同于理念识别方式

Mind 的英语释义为头脑、心、精神、意识。意识是一种意义性观念，处于内在思维定式与外在行为取向之间。所以，Mind 的英语引申义有两个，一个为内向的记忆，另一个为外向的意愿。在英语中，概念、观点是另一个词 Idea。理念和观念是两个不同的概念，意识程度不同。观念识别方式是理念识别方式的主要方式，观念是事物在大脑中留下的概括形象，属于初步打算；而理念则是已概括出来的规律、经验，属于深层次计划。Mind Identity，是为了将内在思维定式与外在行为取向相区别、相联系，强调理念识别系统是以语义信息传播为主、又是以理念识别方式为主的理性识别系统。

三、理念识别形象整体统一

理念识别形象整体统一，是理念识别系统的本质特征。组合构成为理念识别系统的各个理念识别项目，从不同的侧面、角度、层次，塑造与传播组织及其产品的理念识别形象。理念识别系统立足于组织生产经营独特的发展战略，整合协同不同侧面、角度、层次的各个理念识别项目和理念识别形象，从而塑造、渲染、传播组

织及其产品整体统一的理念识别形象。

四、MIS 是 CIS 的核心环节

组织理念是组织文化的精神层，是组织文化的核心和灵魂。对组织形象进行塑造，其主要工作就是对组织理念识别（MI）、行为识别（BI）和视觉识别（VI）进行规划与设计。组织理念的规划是重中之重，是行为识别与视觉识别的规划设计的依据和原则性标准。日本的一些公司在进行企业形象设计时，将 MI、BI 与 VI 做了一个生动的比喻，认为 MI 是"心"，BI 是"手"，VI 是"脸"，设计重心也就自然而然地放在了组织理念识别上，只有把"心"设计好，其他的行为识别和视觉识别设计才可能获得成功。由此可见，企业理念的规划与设计是整个企业形象塑造的核心环节，如果忽视企业理念的规划，必将严重影响整个企业形象规划设计的成功。

CIS 的成功导入，企业理念的确立最为关键。它的目的是让企业认清自身，使全体员工达成共识，以形象与服务来表现这种企业精神。因此，CIS 规划设计的开端是企业新理念的构筑与确立，而不是立刻着手进行标志的设计。

第二节 ┆ 组织使命、目标与愿景的规划

一、组织使命的规划

（一）组织使命的内涵

1. 组织使命的概念

组织使命是对组织目标的具体阐述，表明组织存在的意义和社会责任。它是一个组织首要的宗旨，组织的各种计划和项目都应该以此为导向。使命是要去完成的任务，而愿景是要去追求的目标。

2. 组织使命的规划内容

组织使命可以划分为价值使命、社会使命和文化使命三种类型。但在 CIS 理念规划中的内容不是简单表达某一类型的要求，只是偏重哪类而已，也可从下面的三个方向组织内容。

①社会责任。组织 MIS 规划应从社会宏观层面上明确自己所承担的社会任务，并由此确立所能达到的社会目标。例如，台湾东怡营造董事长在阐述理念时说：东怡人应该持"承启营造精艺，建设明日地球"的理念，诠释作为中国人的尊荣与伟大。

②历史任务。组织要明确所承担的历史任务，要为行业发展做出应有的贡献。

北京科技园股份有限公司（BSCC）以"建设园区,促进发展"为宗旨,将使命定位为社会历史责任,并深信自身的实力与事业将促进目标向更高层次发展,促进高科技发展,对社会发展产生重要影响。

③具体目标。组织应为自己的发展规定具体目标。例如,东怡营造在进行企业使命的设计时提出以下企业目标,"革新营造技术;强化公司内部组织,分层负责;加强社会责任,争取社会信誉;加强以人性为发展的员工成长训练活动;以开拓疆土之心,回报远大的胸襟"。

（二）组织使命的设计原则

设计组织使命时应遵循以下基本原则:

①经营领域设计不宜太细。组织使命作为组织经营的总体指导思想,通常只能在比较广泛的层次上阐明组织的态度与观点,客观上不应该太详细。组织使命是对组织态度和展望的宣言,而不是对具体细节的设计。

②经营领域设计不宜太广。含义太广的使命设计往往可以容纳任何类型的战略方案,这在客观上将起不到指导战略方案筛选的作用。

③设计方式应简单明了。使命设计要求只用一句话来表达组织是做什么的,为谁提供什么产品或服务,方便理解,朗朗上口,易于诵读。

二、组织目标的规划

（一）组织目标的定义

组织目标是指一个组织在未来一段时间内要实现的目的。组织目标既是一切管理活动的出发点,又是一切管理活动所指向的终点;组织目标不仅是一切管理活动的依据,也是考核管理效率和成果的标准。同时,组织目标是所有参加者的间接的个人目标,它是组织参加者们一起进行组织活动,以满足各自不同动机的手段。

（二）组织目标的作用

对组织成员的考核,不仅要对个人生产效率进行估量,而且要确定其行为是否符合组织目标及其目标实现程度的估量,因此组织目标是进行考核的基本依据。

在构建组织的多目标模式、实现方向组织以后,还应该在组织最高目标的统率下,结合组织发展战略,尽快设计完成不同层次、不同部门、不同阶段的子目标,使组织最高目标、长远目标和全局目标一步步成为现实。

海尔集团在经过10多年的发展后,成为家电行业的中国第一品牌和世界知名品牌,并于二十世纪九十年代中期提出了争取进入世界500强的奋斗目标。海尔取得的业绩,与它确立了明确的组织目标系统是分不开的。

（三）构建组织的多目标体系

组织必须在最高目标下面制定更详细的目标组合,形成完整的、可逐步实现的目标系统。在组织最高目标下面,一般分为若干与组织战略密切相关的目标组合,它们如同通向山峰的一级级台阶,对最高目标的实现起着关键的保障作用。

①方向组合。组织是社会组织。任何组织的奋斗目标都不是单一目标,而是在

多个目标方向上的目标组成的目标体系。

②层次组合。即按层次划分为战略目标、管理目标和作业目标。

③结构组合。即按组织结构划分为组织目标、部门目标和员工个人目标。

④时间组合。即按时间划分为长期目标、中期目标和近期（短期）目标等。

（四）实现组织目标的有效方法

实现组织目标的过程管理，不是简单的过程监督和控制，它是一个人性化的管理过程。领导者可以使用如下方法实现组织的战略或战术目标。

1. 有序化

组织是一个活的有机体，组织本身的有序结构形成了它的特有功能。要实现组织目标，必须调整组织使其具备达成组织目标的结构和功能，形成所需要的组织秩序。

2. 目的化

适用的组织秩序构成之后，领导者还必须督促领导团队的每个成员、组织的各个部分，明确各自的突击方向。由此，成员在共同实现目标的过程中获得事业性的满足和水涨船高式的利益满足。这与目标管理、绩效考核不同，追求的不是以完成个人的预定目标从而获取个人利益，更不是"只问结果，不问过程"的自生自灭式的松散管理。

3. 自动化

在这个过程中，部门、个人追求出色地完成各自的角色任务，需要动力和激励。人们在自我实现的事业心驱动下奋起完成各自的角色任务，及时受到上司、同事和组织的鼓励，这就是进入自动化后完成各自角色任务的理想状态。这里的关键点有两个：一是人们有能力完成各自的角色任务；二是各层领导者懂得如何及时激励员工，组织具备激励机制。

4. 合理化

在人们自动完成各自的角色任务，一切为实现组织总目标的协同努力之下，组织战略目标和战术目标终于达成。在达成组织目标的过程中，领导者和员工都会发现，有的本领和战术很有用，有的相互配合很成功。相反，有的本领和战术不管用，有的相互配合不佳，令人遗憾。因此达成目标的方法需要合理化，这个过程需要领导者尽领导之责。

三、组织愿景的规划

（一）组织愿景的特征

1. 什么是愿景

愿景是一个关于渴望状态的蓝图，是愿望的景象，是组织希望将来实现的终极目标。为此，我们在规划组织愿景的时候，必须满足以下四个条件：第一，愿景描述清晰、独特；第二，愿景描述能激励内部员工；第三，愿景描述兼顾社会属性；第四，愿景描述对组织发展具有持久性。

2. 愿景的类型

从作用过程看，愿景共包括六个独立维度：形成、实施、创新实现、综合、冒险和利润导向。在主题方面，愿景主要与外部导向、内部导向、内外兼顾、创新性竞争、创造性支持等有关；在具体内容方面，愿景主要涉及质量定向、竞争定向、成长定向、利润定向等。

3. 愿景与使命、目标的关系

愿景与管理领域中某些概念比较接近，但它们之间也有区别。使命说明了组织的存在原因，愿景则是一种渴望的未来状态，是对组织使命、方向与状态的进一步延伸。愿景包括目标，但目标在价值上往往是中性的，它表达的是组织发展方向的问题，愿景包括采取行动后所期望的结果。

（二）愿景的作用

1. 愿景对员工态度和行为的影响

愿景有利于激发员工设置高质量的目标，提高自我效能以及绩效。领导者的愿景和魅力特征对员工绩效和态度有积极的影响。当员工认为组织愿景突出显著时，他们更容易从事与愿景方向一致的活动。反之，从事与愿景方向一致活动的动机就会降低。

2. 愿景对组织绩效的影响

愿景对组织绩效的影响是通过将愿景整合为员工的工作行为实现的。员工清楚组织愿景，理解愿景与工作之间的关联后，他们就会将愿景作为日常工作的指导。因此组织关注的重点不应该是简单灌输愿景，而是如何帮助员工将愿景和他们的工作结合起来。

（三）影响愿景的因素

1. 领导风格

就不同的领导风格来说，转换型领导比交易型领导能表现出更多的激励性愿景。交易型领导提出工具性的愿景，转换型领导会让每个员工都觉得自己是集体愿景的一个关键部分，利用情感吸引，形成员工的高认同与高绩效。

2. 职位层次

在建立愿景时，组织中的领导和一般经理人员使用的策略是不同的。领导者建立宽泛的方向，而经理多开发细节性如步骤和时间表之类的愿景。经理通过设立具体目标发挥交易性影响，领导者则激发员工为了长期理想和战略目标表现转换性影响。

（四）愿景的建立与实施

愿景必须建立在对组织的各项活动和组织文化了解的基础上，清楚雇员的深层需求和价值观。成功的愿景不应该是由机械公式生成的，而应该是经验、个人兴趣、直觉和机会环境共同造就的产物。

在建立愿景的过程中，其策略主要包括三个方面：训练和指导、监督和管理、建立支持性的集体。在实施愿景时，要注意使之与组织战略保持一致，领导者要注意获得反馈以及时调整。愿景建立后，组织者通常发展一个战略使之得以共享及实施，这个实施计划一般包括人力资源、时间表、评估进展的主要方法；要使人员和支持系统与愿景相一致，如招聘、培训、激励、团队、绩效评估系统。

第三节 ┊ 组织核心价值观的规划

组织文化的内涵丰富多彩，但核心只有一个，那就是组织价值观念体系。抓住了这个核心，才有可能建设先进的组织文化。

一、组织价值观的内涵

1. 组织价值观的定义

组织一成立，组织价值观就开始逐步形成，这是不以人的意志存在的。组织价值观的形成是组织领导者与员工之间、员工与员工之间的个体价值观长期相互影响、相互作用的结果。组织价值观是组织文化的灵魂所在，尽管组织中的每个人可能在进入组织之前有各自不同的价值观，但组织领导者需要想办法引导员工的价值观，使其一致，并服务于组织愿景。

2. 企业组织价值观的基本特征

企业组织价值观具有五个显著的基本特征：一是主观性，企业价值观是组织内部的价值衡量标准，是对企业发展战略的理想描述；二是稳定性，企业价值观一旦形成，就会非常稳定，并且影响企业行为的整体倾向；三是发展性，企业价值观会随着企业的发展和外部环境的变化而改进；四是导向性，企业价值观被内化以后，会对企业员工的行为起指导、约束、激励的作用；五是系统性，企业价值观是按照一定的层次和逻辑形成的整体，单一

的价值观在整个价值体系中才能体现出自己的作用和意义。

二、组织价值观的层次结构

在 MIS 规划中，有些组织的价值观分为若干理念识别项目来加以表达。例如可以规划为市场、愿景、人才、管理、科技等方面，将辅助理念直接作为组织指导理念单列，可以充分体现组织对分领域的高度重视，但目前许多组织在确立价值观时思维混乱。因此，将组织价值观分为下面四个层次是大有裨益的（如图 2-1）。

1. 基本价值观

基本价值观反映的是任何员工所必须具备的行为和社交的最低标准。不同组织的基本价值观差异不大，尤其对同一地区、同一行业的企业组织来说更是如此，这就意味着我们不能凭借基本价值观区分

图 2-1　组织价值观的四个层次

一家公司。

2. 核心价值观

真正让组织长盛不衰的是根植于组织员工心中的核心价值观，即组织在追求成功运营过程中所推崇的信念和奉行的准则，是组织员工一致遵循的关于组织意义的终极判断。核心价值观是公司的独特性源泉，因此必须不惜一切去恪守。

3. 目标价值观

目标价值观是组织获得成功必须要拥有，但目前暂不具备的价值观。例如，某家公司需要发展一种新的价值观以支持新的公司战略，或者满足不断变化的市场和行业需求，因此，目标价值观应作为核心价值观的有益补充，但不能影响甚至替代核心价值观的地位。

4. 附属价值观

附属价值观是自然形成的，会随着时间的推移在组织生根。附属价值观通常反映了组织中员工的共同利益或特性，附属价值观对组织起着很好的作用，比如可以帮助营造包容的工作氛围。

三、组织价值观的地位与作用

历史经验证明，企业的价值观是现代企业经营的"金科玉律"，是引导企业经营走上成功之路的"航标"。企业的价值观或价值系统会形成一种相当稳定的思维框架和行为规范体系。

1. 价值观是企业行为规范的内在约束

在企业的运营过程中，所有员工都应该遵守规范，即要求员工遵守和贯彻企业的制度安排以及企业的经营战略，以开展自我约束，清楚自己应该做什么，不应该做什么。

2. 价值观是实现企业制度和经营战略的思想保证

企业价值观是支撑企业长远发展的信仰体系，是企业制定一切制度和措施的前提。价值观令员工自觉主动地执行公司制度，贯彻企业经营战略。所以，企业价值观是制定公司战略和制度的出发点和归宿，是实现企业制度与企业经营战略的思想保证。

3. 价值观是塑造组织形象的关键

企业价值观是企业精神形象的核心。企业价值观作为全体员工共同持有的判断标准和发展信念，直接决定着企业精神形象的内容，是企业精神形象的核心。因此，企业要在价值观的指引下找到最佳定位，从而塑造充满吸引力和感召力的企业精神形象，为企业发展开辟道路。

四、组织价值观的影响因素

设计组织价值观，需要先清楚它的影响因素。在影响组织价值观的诸多因素中，员工的个人价值观、领导者价值观和社会价值观的影响是较为显著的。

1. 个人价值观

组织成员的价值观决定他们如何对待工作、对待集体、对待企业、对待顾客、对待社会、对待国家。有许多企业树立"用户第一""顾客至上""用户永远是正确的""一切为了用户"的思想，就是员工在价值判断上把顾客利益放在首位的体现。

2. 领导者价值观

领导者价值观，就是组织领导者（组织领导集体）的价值观。组织领导者的价值观决定他（们）如何对待员工、对待顾客、对待企业、对待社会、对待国家。从某种程度上讲，企业（群体）价值观就是企业家价值观，是企业决策层价值观的群体化。

3. 社会价值观

组织是社会组织，组织领导者和员工无一不是成长、工作和生活在社会环境之中，他们的价值观以及组织价值观也就自然而然地受到社会的制约和影响。社会价值观中，国家价值观和民族价值观的影响最为突出。面对西方国家个人主义至上的价值观影响，新加坡政府在1991年1月4日发表白皮书，提出了五种新价值观念：国家先于社会和社会先于个人，家庭是社会的基本单位，尊重个人和社会支持个人，以意见一致取代争论不休，种族和睦和宗教和睦。

五、组织价值观的规划与塑造

（一）组织价值观规划的原则

价值观体系不仅要具有时代特色、行业特色、组织特色，更要传达组织的价值观，动员并鼓励全体员工为实现组织的目标而努力。为了达到这个目的，必须遵循以下原则。

1. 共同参与提炼企业价值观

企业领导者应当发动管理层和所有员工集思广益，对企业价值观做出详细定义。价值观一旦建立，要容易被员工接受和认同。企业价值观是一种客观的关系，它会自发地支配企业的发展和员工的思想。

2. 确保价值观与企业使命、愿景、目标、战略逻辑关系相符

企业建立价值观的目的是指导员工的行为，形成行为规范，为愿景、使命、战略决策提供支持，凝聚员工思想。企业价值观的确定应真实反映企业的长远目标，具有内在一致性，从而指引和激励每一个人。

3. 注重价值观和变革的关键驱动因素

企业经营的行业、经营范围、产品特点、员工特性等，都是影响价值观特征的重要因素。例如，服务行业要体现服务周到的特点，往往提倡"顾客至上""一切为顾客服务"的价值观；IT行业要体现坚强、乐观、进取心强等特点，以"追求卓越"作为其核心价值观。

（二）组织价值观规划的流程

组织价值观的塑造可以大致分为启动、调研、确定和实施四个阶段。

1. 启动阶段

为了更加有效率地工作，应对项目组成员进行适当搭配，以有利于工作开展。通常，一个项目组里应包括企业文化咨询专家、行业专家、分析师、咨询师、文字工作者等人员。项目组成员确定之后，由项目经理召开内部启动会，简单说明项目的情况，安排进场前的准备工作，如每天的定时例会安排、资料的收集、计划的制定、办公用品的准备等。内部启动会宣告了项目组的正式成立。

2. 调研阶段

①行业分析。企业所处的行业对价

观具有一定的影响，应对行业的发展状况与特性进行客观分析，为下一步的工作打下扎实的基础。

②顾客分析。企业应通过市场调研、消费者行为研究来了解顾客需求，正确地制定并实施自己的服务策略。服务策略建立在顾客需求、行业定位、核心目标三个核心问题基础之上，以最终确立企业的价值观。

③股东分析。在现代市场经济中，多数企业是由股东出资兴办的。如果企业利润丰厚，股东分红甚多，就会吸引更多的投资，扩大企业的经营规模，或介入其他生产经营领域。股东还可通过企业法人治理结构行使决策权，对经营者进行选择和监督，企业经营者必须回报股东的长远利益。

④员工分析。企业依靠自己的员工，对员工出色的工作给予奖励，将会激发他们更好地完成任务。从企业的不同层次，逐层组建流动性的反馈小组，定期获取反馈信息，能够满足企业制订计划、进行决策、调整战略、改革制度、员工岗位轮换的需要。

⑤企业经营现状。在价值观的诊断评估的调研过程中，必须要考虑企业现状和经营特点。企业价值观的规划不能脱离企业所处的发展阶段和企业自身的经营特点。企业规模不同，企业所处的发展阶段不同，都会造成价值观表现形式上的差异。

3. 确定阶段

在价值观制定过程中，通常按以下步骤进行。第一，通过问卷调查、访谈等方式将价值观的内容进行分类；第二，把企业中的核心层人员召集在一起，共同探讨企业核心价值观体系内容；第三，了解广大员工对价值观体系的认知程度和接受程度；第四，组成一个由企业主要的领导者、员工代表和咨询顾问构成的临时小组，得出企业的价值观和核心价值观；第五，CIS委员会对提炼成果方案进行审议，决策通过后给予公布与实施。

4. 实施阶段

组织理念体系的核心是核心价值观。制度约束行为，理念约束思想。制度要求员工在这个组织中要这样行为，理念要求员工在这个组织中要这样思考。要协调好员工制度执行与理念认知的关系，最基本的要求是通过培训，达成对价值观的共识与认同。

六、组织核心价值观的规划

（一）规划原则

组织核心价值观是指在组织的价值观体系中处于核心位置的价值观，规划企业组织核心价值观时应遵循以下原则，塑造与组织能力相匹配的核心价值观。一是必须与企业最高目标（企业愿景）相协调，确保企业文化观念的同一性；二是必须与社会主导价值观相适应，避免因外部环境冲突影响企业的发展；三是必须充分反映企业家价值观，确保组织经营管理活动的有序开展；四是必须与员工的个人价值观相结合，否则难以成为员工的行动指南。

（二）更新方法

更新组织核心价值观，首先要对组

织内外环境进行分析，找到原有价值观与组织新的最高目标、社会环境以及组织运行等不相适应的地方；其次，在保留组织价值观表述中仍适应新情况的部分的基础上，按照价值观设计的步骤进行增补；最后，将新的组织价值观表述与原有表述进行对照，并通过向员工宣传和征求意见，最终确定。

第四节　组织哲学的设计

组织哲学是指一个组织为其经营活动方式所确立的理念目标、价值观念和行为准则，其本质是对于组织如何生存和发展的哲理性思维。

一、组织哲学结构

组织哲学是基于组织哲学辩证思考之后确立的价值观以及价值观指导下的行为模式，是塑造组织文化的根本。通常组织会在组织理念中详细地阐述以下三大命题。第一，组织为什么存在？这一核心层明确了组织使命、组织的生存价值，与组织文化的精神密切相关。第二，组织的发展目标。这一层面明确了组织愿景，必须具备前瞻性、挑战性、可操作性。第三，组织如何生存？这一层次涉及的内容最为广泛，大致上包括针对市场、客户、产品等方面的内容。

二、组织哲学的类型

组织哲学的形成受到组织领导者自身、外部环境和员工行为等因素的影响，由此划分出不同类型的组织哲学。

（一）组织家型组织哲学

这种类型一般处于组织哲学的发展初期，主要以组织家文化决定组织哲学的内容。其组织文化的表现形式为：老板文化独断性强，员工主动性差，组织类型代表为初创型的中小型组织。

（二）环境型组织哲学

在这种类型中，组织对于内外部矛盾的解决方式主要取决于外部环境的变化，特点是人员流动性大，知识技术更新速度决定组织成败。

（三）团队型组织哲学

在许多成熟组织中，重大决策及管理行为都必须经过核心团队的讨论才能通过，通过集体决策及团队执行来实现。其组织文化的表现形式为协作式的组织文化，强调团队凝聚力建设。该类型主要为稳步发展型的大中型组织。

第五节 ┊ 组织经营理念的设计

组织经营理念是一种思想观念，是组织所持有的基本信念、价值标准和行为准则等的总和。广义的概念认为它贯穿于组织的全部活动，指导组织的方向，影响组织全体成员的精神面貌，决定组织的素质和竞争能力。狭义的概念则一般是指组织哲学和组织价值观引导下，组织为实现最高目标而确定的营销方针、经营思路、经营改革等。

一、组织经营理念的设计方法

组织经营理念的覆盖范围很广，任何一个组织都难以面面俱到地加以阐述，因此设计经营理念时必须明确表达重点。

（一）确定经营理念的表达方式

经营理念通常存在一个表达方式的问题。所谓经营理念的表达方式，分为外在和内在两个方面。外在的经营理念表达方式主要指组织的经营价值形象，它显示组织的存在感和魅力；内在的经营理念表达方式主要指组织的经营行为规范，它是对组织经营理念的行为表达。

（二）确定经营理念的表达内容

如何表达组织经营理念，让社会和内部员工能够清楚地了解组织的经营思路、方针、政策等是设计的关键，主要分为以下三个步骤。

1. 确认组织的宗旨及愿景目标

一个组织的存在都有自己的宗旨及愿景目标，比如，学校有办学宗旨，组织有经营目标。组织是经济实体，获取利润是组织的根本，是资本的属性。但是，如果组织单纯把营利作为最高追求，往往会适得其反。现代组织一般都以为社会、顾客、员工服务等作为组织的最高目标或宗旨。

2. 设计组织核心能力及组织竞争优势

组织核心能力和组织竞争优势的设计包括组织竞争战略、经营思路等内容。组织所处行业结构影响着可供组织选择的竞争战略。因此，研究行业结构是战略制定的起点，确定组织定位是战略制定的前提。战略正确，经营思路和经营方向正确，组织就会取得理想的绩效。

3. 设计组织的核心价值观和组织行为规范及规章制度

所谓价值观就是人们评价事物重要性和优先次序的一套标准。组织经营理念中的核心价值观是指组织中人们共同的价值观。组织要让全体员工理解经营理念。如今很多组织在经营理念创建初期，员工比较重视，也很理解。等到事业发展了，员工把经营理念视为理所当然，而逐渐淡忘，组织松懈，停止思考。要切记经营理念不能取代训练，经营理念本质上就是训练。

建立于组织的核心价值观之上的组织行为规范和规章制度规定了组织成员在工作中所应当遵循的行为准则，其设计主要应包括以下两个方面：工作制度设计、岗位责任制度设计。

二、组织宗旨的设计

（一）组织宗旨的作用

任何组织在创立之初都有自己的宗旨。一个组织的宗旨描述了它的基本目的。组织的存在是为了完成任务而采用各种方式，以实现组织的特定目标，也就是说，组织由宗旨开始。

组织宗旨是组织经营理念中应有的一个组成部分。组织宗旨不是孤立的组织理念，而是在组织哲学指导下为实现最高目标而制定的组织方针和政策。对内，这是为履行组织的社会职责而对全体员工发出的总动员，是引导和规范组织及员工行为的强大思想武器；对外，它是组织向社会发出的宣言，是引导消费者和社会公众的一面鲜艳旗帜。

（二）组织宗旨的设计

设计组织宗旨，一般要言简意赅并具有特色：组织增值活动、产品或产业、客户或市场、组织的贡献。例如这些企业的组织宗旨设计：以服务顾客为经营目标（美国波音飞机公司）；要有利可图，不唯利是图（中信公司宗旨）；佳心源于自然，宝鹤得天独厚（云南佳心食品公司宝鹤品牌）；信誉是门店的生命（北京西城区华龙书刊发行部）；等等。但有些组织为了让社会大众有较明晰的认识，也有较长的宗旨陈述。例如，中国青少年发展基金会实施的希望工程，其宗旨是：根据政府关于多渠道筹集教育经费的方针，广泛动员海内外财力资源，建立希望工程基金，资助贫困地区失学儿童继续学业，改善贫困地区的办学条件，促进贫困地区基础教育事业的发展。其目的是支持贫困地区的基础教育，满足失学儿童的求学需求，资助失学儿童重返校园，贯彻和执行党和国家有关的政策法规，充分发挥社会各方积极性，捐资助学、集资办学、振兴教育。

第六节　组织管理模式的设计

组织文化是管理文化。最能体现组织文化的管理属性的，就是组织的管理模式。管理模式是对组织管理思路的高度概括，是组织管理特色的集中反映。选择什么样的管理模式，是组织观念层次设计的重要内容。

一、组织管理模式的类型

关于管理模式的理论研究，最有影响的当属美国行为科学家罗伯特·布莱克（Robert R.Blacke）和简·莫顿（Jane S. Moaton）于 1964 年提出的管理方格理论。两位学者认为，关心工作与关心人，是影响领导方式的两个主要因素，并用 9×9 共 81 个小方格构成的管理方格提出了 81 种领导方式，其中有权威型、团队型、俱乐部型、贫乏型和中庸型五种典型的管理模式。

对于上述典型的领导风格，在现实中都不难找到相应的实例。如有的厂长、经理，他们只重视产量、产值、销售额、利润等生产经营指标，对广大员工的喜怒哀乐漠不关心，他们认为最"灵"的招数就是重奖重罚，显然可以将其归入权威型的管理模式。

二、组织管理模式的设计原则

以核心价值观和工作价值观为导向，从组织实际出发，是设计组织管理模式的基本原则。表 2-1 列举了工作价值观的主要内容和两组极端的类型，组织必须在其中每一个方面做出选择。每个方面选择的结果可能是某一种极端类型，也可以介乎两者之间。

表 2-1　工作价值观的两组极端类型

项目	甲组	乙组
管理导向	工作导向	关系导向
管理目的	效率第一	关系第一
领导作风	专制	民主
控制特点	严	宽
激励特点	物质激励为主	精神激励为主
权力倾向	崇尚职位权力	崇尚个人权力

例如，惠普公司（HP）的经营策略与管理模式为走动式管理、目标管理、开放式管理和公开交流；海尔集团的管理模式是 OEC 管理法。

第七节 ┊ 组织精神的规划

一、组织精神的规划原则

组织精神随着组织的发展逐步形成并固化，是对组织现有观念意识、传统习惯、行为方式中积极因素的总结、提炼和倡导，是组织文化发展到一定阶段的必然产物。因此，设计组织精神，首先要尊重广大员工在实践中迸发出来的积极的精神状态，恪守组织共同价值观和最高目标。

二、组织精神的规划方法

组织精神的规划从方法的角度来讲并无固定程式，下面介绍一些做法。

（一）员工调查法

将可以作为组织精神的若干候选要素罗列出来，在管理人员和普通员工中进行广泛的调查，再根据员工群体的意见决定取舍。这种办法一般在更新组织文化时采用，其缺点是需要花费较长的时间和较多的人力，但是具有良好的群众基础，易于接受。

（二）典型分析法

每一个组织都有自己的组织英雄，这些人物的身上往往凝聚着组织最需要的精神因素，因此对这些人物的思想和行为进行全面深入的分析，不难确定组织精神。这种方法工作量较员工调查法小，但在组织英雄不是非常突出时，选取对象比较困难，也不易把握。

（三）领导决定法

由于组织领导者站在组织发展全局的高度思考问题，他们比较了解组织历史、现状，因此由其来决定组织精神也不失为一种办法。此法最为高效快捷，但受领导者个人素质的影响较大，在推行时的工作量较大。

（四）专家咨询法

将组织的历史现状、存在的问题及经营战略等资料提供给管理学家或管理顾问公司，由他们对组织进行必要的调查和研究，设计出符合组织发展需要的组织精神。这种办法确定的组织精神能够反映组织管理最先进的水平，但有时不一定能很

快被员工接受，因而落实的过程稍长。

这些方法各有优缺点，因此在实际进行组织精神规划时以一种办法为主，辅以其他办法，以弥补其不足。

三、现代组织精神共性

建立社会主义市场经济体制，不断深化组织改革，这样的社会大背景决定了我国不同组织的组织精神具有一些民族共性和社会共性；同时现代化、全球化、信息化的基本特征，又决定了不同国家组织的组织精神具有一些时代共性。因此，在规划组织精神时，应该把个性与共性有机地结合起来。

组织精神的规划，是组织文化、风格、个性的展示，要能展示组织的文化内涵、员工的精神风貌、全员的价值观念，这样的组织精神才能起到对外传播形象、对内激励员工的作用。

（一）优秀组织具备的组织精神要素

优秀组织具备的组织精神要素一般有：实事求是精神、团结协作精神、开拓创新精神、牺牲奉献精神、勇于竞争精神、艰苦奋斗精神、爱岗敬业精神、追求卓越精神、敢于冒险精神、超越自我精神。

（二）组织精神示例

①金利来：男人的金利来，世界的金利来。

②海尔：敬业报国，追求卓越。

③长虹：永争第一，不敢争第一的组织是没有前途的组织。

④新飞：我与新飞共存亡——团结、严明、进取、奉献。

第八节 　 组织作风的设计

组织作风是企业领导和组织成员在达成组织目标过程中表现出来的行为方式的个性特点在组织经营管理工作中的体现。因此，设计良好的组织作风，是形成健康组织风气、塑造良好组织形象的需要。

一、组织作风设计的步骤

（一）对组织风气现状全面深入考察

通过调查问卷、座谈访谈收集信息，观察员工在对待工作和处理问题时的表现，全面了解组织现有风气。如深圳华为公司有一年端午节早餐每人发两个粽子，公司有关部门通过这个机会进行暗访，发现有人重复领取，一个餐厅就发现20起，从而发现了组织风气中存在的问题。

（二）对组织现实风气进行认真区分

注意区分组织中存在的个别现象与集体现象、优良风气与不良风气，并分析这些现象、风气出现、形成的原因。对于不良风气，组织应有针对性地提出解决办法，这是设计组织作风的关键。

（三）对组织作风进行挖掘提炼

考察社会风气和其他组织的作风，挖掘出本组织应该具有却尚未形成的良好风尚和作风，制定出本组织的组织作风，并确保具有本组织的个性特色，避免千篇一律。

二、建立适应组织发展的组织作风

（一）发挥组织文化的引领作用

现代管理认为，一流的组织是靠文化管理的，而创立平等的组织文化，可以使组织员工间感觉到平等氛围，让公司的信息自由流通，让每一个员工都有主人翁责任感。

（二）转变观念和思维方式

在知识经济和信息经济的时代，组织必须适应"扁平化组织结构"（通过减少管理层次、压缩职能机构、裁减人员而建立起来的新型团体组织，具有灵活、高效、快速等特点），以实现管理者的管理技能更加多样，使团队成为组织运行的基础。

（三）科学设计组织结构

在组织机构设置上，应根据组织本身的性质、发展阶段以及外部环境的变化进行及时调整。结构上应考虑精简机构，减少等级层次，提高组织的效率；减少垂直和水平的界限，提高反应速度和决策的灵活性；注重统一指挥与权力制衡原则。

三、组织作风示例

①首都钢铁公司：认真负责，紧张严肃，尊干爱群，活泼乐观，刻苦学习。

②海尔集团：快速反应，马上行动。

③兰州炼油厂：高、严、细、实。

④北京大华无线电厂：严谨、朴实。

⑤海口市中医院：慈爱仁爱，勤俭节约，求精敬业，和谐发展。

⑥长虹集团：团结，勤奋，民主，文明。

⑦凤凰卫视：用善意揭示真相，第一时间，第一现场，信息完整，声音多元；讲究良性互动，不与媚俗文化为伍，搭建公共话语平台。

第九节　组织之歌的设计

组织之歌，俗称校歌、厂歌、院歌、会歌等，指一个组织专有的，反映组织目标、追求、精神、作风等的歌曲，是组织文化个性的鲜明体现。组织之歌通常都是合唱歌曲，通过员工集体歌唱，能增强员工对组织的自豪感和归属感，提高组织的凝聚力和向心力。

一、组织之歌的创作原则

少数组织内部设有专业音乐创作人员，组织之歌的设计和创作就比较方便。而很多组织并没有专门从事音乐创作的人员，往往需要外请专业人员负责或者参与设计组织之歌，这里就需要组织和创作者双方明确一些基本的原则。

（一）体现个性

组织之歌应充分反映组织的目标、精神、作风，突出组织的核心价值观。如有一家组织以牛作为吉祥物，就将《耕牛之歌》作为组织之歌，借此颂扬吃苦耐劳、默默奉献的组织精神。

（二）易学易唱

这是组织之歌的生命力所在。只有被反复地歌唱，才能被广大员工掌握和喜爱，成为组织文化的一道亮丽风景。因此，歌词简洁的进行曲，是组织之歌最常见的形式。

（三）昂扬向上

无论歌词内容，还是音乐旋律，组织之歌都应渲染积极健康、奋发向上的情绪。

二、组织之歌的创作方法

（一）确定歌词

确定歌词是组织之歌创作的关键。有些组织领导十分重视组织之歌的作用，亲自撰写歌词；也有一些组织抽调文字功底好的员工组成专门的歌词创作班子，经过广泛的调研后拿出几套歌词方案，提交决策层或者职代会确定。

（二）谱曲

可以邀请专业的音乐人士进行谱曲。为避免一次谱曲不能令组织完全满意，最好能够有多种谱曲方案，供组织选择。也可以通过公开招标或公开征集的方式，这样组织的挑选余地较大。如果是先选定乐曲再填词，则需要注意创作者的知识产权问题。

三、组织之歌设计案例

海口市妇幼保健院、海口市妇女儿童医院院歌。

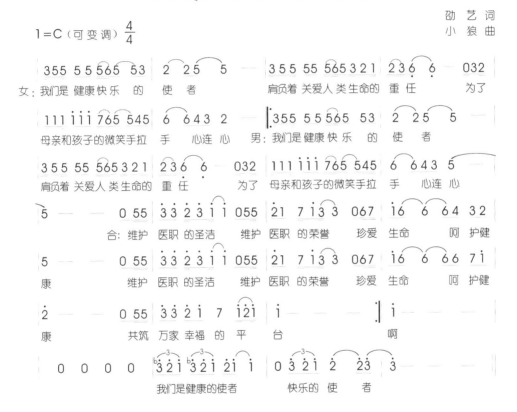

第十节 组织理念识别系统（MIS）手册的编制

编制理念识别手册的根本任务，就是对理念识别系统进行具体和准确的规范。所以，理念识别手册不是组织发展规划，而是概括、提升组织生产经营战略的独特性和识别性，并且加以文字说明和图例标示的规范手册，主要包括规划组织使命、组织愿景、组织哲学、组织精神、组织道德、组织作风、品牌产品战略、市场竞争战略、质量管理战略、形象战略等识别理念规范。

一、组织作风精神规范

规范企业和其他组织生产经营的独特发展战略及其识别理念系列，必须抓好以下六个方面。

第一，立足于组织生产经营的综合营销实力，着眼于市场供求关系的波动发展势态，遵循现代设计艺术和组织识别设计一起抓的市场经济规律，制定组织生产经营的总体发展战略。

第二，根据同类组织和产品的市场竞争趋向，从战略目标、战略重点、战略布局、战略步骤四方面入手，遵循组织使命、组织哲学、组织精神等规划原则，为企业和其他组织生产经营的独特发展战略定位和规范。

第三，从组织生产经营的独特发展战略，引申并且规范独特发展战略的实施方略，制定相应识别的经营方针和管理风格。

第四，以组织生产经营的独特发展战略为核心、实施方略为基础，引申并且规范组织生产经营的产业构成、发展规划。

第五，从组织生产经营的独特发展战略出发，概括和提炼独特的战略理念和战略口号，作为组织生产经营观念意识、精神意识、文化意识的导向和主题，凝聚并且规范组织生产经营的根本宗旨、主导原则、精神支柱和社会责任。

第六，以组织生产经营的独特发展战略为核心、实施方略为基础，把独特的战略理念和战略口号，贯穿和渗透于视觉识别系统和行为识别系统之中，深化和提升视觉识别系统和行为识别系统。

二、项目实例

（一）海口市中医院 MIS 理念识别分系统

1. 核心价值观

核心价值观是医院精神理念、价值取向、道德观念的总和，是医院哲学的重要组成部分，是解决医院在发展中处理内外矛盾的一系列准则，对经营管理具有规范作用。

海口市中医院 MIS 核心价值观：大爱精诚　继承　创新　发展

核心价值观具体阐述：我们以慈善仁爱为怀，以救死扶伤、济世救人为宗旨，以保障人民健康为己任；对医道精益求精，以严谨的科学态度和勤奋的精神钻研中医医学；对医德心怀至诚，崇尚和谐，维护患者利益，努力构建和谐医患关系；员工之间同道谦和，团结协作，友爱相处；坚持继承中医药文化传统，发扬创新精神，推进医院事业不断发展。

2. 医院宗旨

医院宗旨是医院长期持久目标，它是医院的医疗服务，能够反映医院的价值观和优越性，帮助医院做出前后一致的决策，打造一个有序的作业团队。

医院宗旨：弘扬国粹　促进发展　惠泽百姓

医院宗旨阐述：大力弘扬中医药文化，在继承中医药传统基础上，与时俱进，创新发展，突出中医药特色优势，提高医院核心竞争力，促进医院持续发展，使医院的医疗服务更加满足人民群众的健康需求。

3. 经营思想

经营思想也称为经营哲学，是指医院在经营活动中对发生的各种关系的认识和态度的总和，是医院从事经营服务活动的基本指导思想。

经营思想：传承为根　慈爱为本　中医为体　特色为柱　发展为要

经营思想阐述：我们必须继承中医药文化传统，坚持中医医院的办院方向，发扬慈善仁爱精神，立足于为人民群众健康服务；集中医医疗、保健、康复、疗养、科研、教学等功能为一体，形成系统的中医服务体系，打造中医专科特色品牌；同时，要依托海南绿色生态资源优势，建立中医医疗、保健、康复、疗养一体化的服务模式，形成差异化竞争势态；坚持发展是硬道理，始终把医院发展放在第一位，不断破解医院发展难题，努力促进医院持续发展。

4. 发展战略

①人性化服务战略。遵循文化兴院原则，新的中医院建成后将以平价医院的模式运行，具有慈善救助性质，为广大群众提供基本医疗服务，为弱势人群提供医疗救助，缓解当前群众"看病难、看病贵"的问题。

②集中化经营战略。遵循资源优化原则，坚持以中医为主，突出特色专科优势，打造一流的中医专科和中医生态疗养基地，提供优质的中医医疗、保健服务。

③差异化品牌战略。遵循品牌竞争原则，主要是通过资源优势的开发和服务市场的拓展，提供差异化的特色专科医疗和绿色旅游保健等创新型服务模式，树立医院中医药个性品牌形象，增强医院竞争优势。

5. 活动领域

为广大群众提供中医医疗、保健、康复、疗养、咨询等服务。

为社会提供中医教学、科研、宣传等活动。

为员工提供专业培训、医德教育等条件。

6. 管理原则

医院管理原则是"以病人为中心"，依据医院的价值观和文化精神氛围进行人格化管理。基于员工对组织行为规范、规章制度的认知、理解与内化，强调情感管理、塑造医院文化。

①文化兴院原则。医院建立以人为本的文化管理体系，增强员工的凝聚力，增加顾客的信任度，提高医院的竞争力，共筑医院辉煌的明天。

②资源优化原则。根据本院实际，整合医学人文和医疗设施资源，集中优势创建中医特色专科，构建一流中医生态疗养基地。

③品牌竞争原则。必须与时俱进，在继承中医药传统的基础上，打造一流的中医特色品牌，树立中医医疗与服务的品质形象，提高医院核心竞争力，以适应现代

医疗领域的竞争环境。

7. 行为准则

医院行为准则是医院期望员工在医疗服务过程中代表医院履责行权时所应遵循的基本原则。

①和谐人文，造福八方。医院必须建立以"和"为核心的学习型组织和以"人"为根本的文化管理体系，关注和保障广大人民群众的健康，造福社会。

②继承创新，凝聚员工。医院领导在继承传统医学的基础上，敢于创新经营管理模式，积极推进人性化管理，尊重医院员工和病患，充分调动员工的积极性，创建和谐健康医院，促进医院稳定发展。

③爱岗敬业，精诚合作。医院员工为了医院又好又快的发展，必须珍爱自己的岗位，精诚合作，充分发挥团队精神，共同创建海口市中医院的未来。

④真诚服务，呵护健康。医院对患者恪守承诺，一切为了人民群众的健康，建立良好的医患关系。

8. 精神信条

医院精神信条集中体现了医院独特的、鲜明的经营思想，反映医院的信念追求。精神信条所体现的力量，必须成为鼓舞全体员工坚持医院宗旨，为实现医院愿景而奋斗的强大精神动力。

精神信条：慈善仁爱　勤俭节约　求精敬业　和谐发展

精神信条阐述：具有慈善仁爱的良好道德，勤俭节约的良好习惯；对专业精益求精，对工作兢兢业业，努力建设和谐文化，促进医院健康持续发展。

9. 院训

为了激励医院员工实现医院总体目标，医院选择最具有识别意义的格言和警句作为医院的院训，时刻警示全体员工，不要忘记自己的使命，持之以恒、创新进取。

院训：医为民享　术必求精　人蓄内涵　文化外显

院训阐述：院训从"医、术、人、文"等方面进行阐述。医院经营必须符合人民群众的健康需求，共享医院发展成果；医疗技术必须追求精益求精；医院优秀理念来自全体员工的共同追求；医院文化出自社会的一致认可和评价。

10. 标语、口号

标语口号要求是文字简练，具有意义鲜明的宣传、鼓动作用的语句。

根植椰城　普惠百姓

弘扬国粹　服务百姓

弘扬祖国医学　惠泽人民群众

11. 医院简史

海口市中医院组建于1958年10月，现位于海口市文明中路113号，占地面积约1953.3平方米。现有员工256人，其中专业技术人员197人，含高级专业技术人员20人，中级专业技术人员57人。2006年8月在海口市金盘路45号投资建设新院区，总建筑面积35181平方米，病床500张，编制人员将达到800人，是一所集医疗、康复、疗养、科研、教学于一体、带有慈善功能的综合性中医院，新院建成后将以平价医院的模式运行。

现医院住院部设有内科、外科，床位120张；门诊部设有急诊科、内科、外科、妇科、儿科、骨伤科、骨病科、针灸理疗科，以及保健科、皮肤科、肛肠科、眼科、五官科；另外，还设有检验、影像、放射等医技科室和药剂、供应、设备、维修等辅助科室。

新院将开设 500 张病床，住院部设置有脾胃病科（消化内科）、老年病科（心血管内科）、咳喘病科（呼吸内科）、综合内科（内分泌科、神经科、肾内科）、ICU、骨伤科、骨病科、普外科、儿科、妇科、产科、针灸科（含康复中心）、肛肠科、皮肤科等住院科室；门诊部设有内科、外科、妇科、产科、儿科、针灸科、肛肠科、皮肤科、口腔科、眼科、耳鼻喉

科等近 20 个专科门诊；急诊设有内科、外科、妇科、儿科、骨伤科等科室。

新院将配备各类型高端检查设备，有螺旋 CT、全数字化纯净声束彩色多普勒超声诊断系统、全数字 X 光机、全自动生化仪、电子内窥镜、麻醉机、呼吸机等先进设备，能够完全满足临床诊疗需要。

医院坚持"大爱、精诚、继承、创新、发展"的经营理念，坚持突出中医特色，发挥中医优势，建设一批中医特色专科。新院建成后三至五年时间努力建设成一所三级甲等示范中医医院。

12. 院歌

丹 香 椰 城
—— 海口市中医院院歌

1=C 4/4

勒艺 词
田丰 曲

古典/博爱/激情

（歌词）
我们沿着歧黄开辟的医道，
弘扬华夏中医药文化；秉持大爱的心怀，
普救含灵，精诚奉献。我们继承千年本草的丹香，
构筑椰城的健康家园；坚定创新的理念，

（伴唱）
惠泽广众，和谐发展 和谐 发 展。惠泽广众，和谐发展，
和谐 发 展！

思考与练习

1. 在规划组织理念时应遵循哪些原则？请举例说明一些组织或其他组织所规划的组织理念系统或项目是否满足了这些原则。

2. 以语义传播为主的理念识别规划如何充分发挥语义符号意义信息指称、提升、主导的功能作用？请举例说明。

3. 如何选择规划组织使命、愿景、目标、宗旨等比较类似的识别项目？

4. 为什么说组织核心价值观是组织文化的灵魂？

5. 如何把组织理念渗透到行为识别系统和视觉识别系统中？

实训项目

以班级为例，规划其理念识别系统，并编制成《×× 班理念识别手册》。

1. 项目背景

了解与熟悉 MIS 理念识别系统的特征、规划原理和识别要素内涵后，应掌握实例规划的能力。

2. 项目任务

以所在组织为实训单位，对项目资源和资料进行调研收集，筛选确定规划的主要要素，以书面文本或 PPT 形式完成，并展开课堂评议、讨论和决策。

3. 实训目标

对 MIS 理念系统的基本要素和应用要素的内涵进行现实思考，加以取舍定位规划后，在所在组织内进行深度访谈，了解大多数人的价值取向和追求，然后规划自己的作业提案，并基本满足以下评价标准。

①要能反映出组织的性质；

②要能表现出组织的能力；

③要能体现出组织的文化价值；

④要能具有内部导向、调节、规范和凝聚的作用；

⑤要能展示易于识别的个性和形象上的一致性。

第三章

组织文化制度层规划

制度是组织文化的中间层次，主要指对组织和组织员工的行为产生规范性、约束性影响的部分。它是在组织理念的指导下，逐渐培养起来的、全体员工和组织本身自觉遵守的工作方法，显现组织的环境行为、教育培训及规章制度等管理行为，以及反映组织的营销服务手段、社会公益、公共关系等活动行为的动态行为识别体系。

因此，组织制度层相对应的组织行为识别系统由组织环境行为识别系统、管理行为识别系统和活动行为识别系统等三个支系统构成。它们的任务是将组织文化的核心价值融入各种规章制度、工作规范以及员工手册的规定和实施过程中，从语言、举止、礼仪以及活动方式、服务方式、服务流程等方面，建立并不断发挥行为识别系统体系，形成富含组织文化特色的管理文化、服务文化或经营文化。

第一节 ┆ 组织行为识别系统（BIS）的基本特征

BIS 是 Behavior Identity System 的简称，是指行为识别系统。围绕企业组织 MIS 来构建企业组织 BIS 是企业导入 CIS 战略成功与否的关键环节，如图 3-1 所示。以企业识别标志为中心的企业识别系统，不仅来自企业生产经营过程，而且回归企业生产经营过程，既激励又约束企业员工的生产经营行为，乃至引导消费公众的选择使用行为。所以，光有理念识别系统并不够，还要规划设计导入行为识别系统和视觉识别系统。

行为识别系统是企业识别系统的中介系统，既是视觉识别系统和理念识别系统的中介系统，又是企业识别系统和企业生产经营制度与行为及其整个过程之间的中介系统。行为识别系统有三大本质特征，心理信息传播、行为识别方式和行为识别形象整合。

图 3-1

一、心理信息传播

心理信息传播，是行为识别系统的一

大本质特征。心理信息传播主要是心理意识和心理行为的传播。心理意识传播主要有心理感知传播、心理联想传播、心理定式传播等；心理行为传播主要有利益需要传播、行为动机传播、倾向态度传播、表情举止传播等。

心理信息传播方式大体上可以分为四种类型：第一类，个人与个人之间的心理信息传播；第二类，群体与个人、群体与群体之间的心理信息传播；第三类，组织与个人、组织与组织之间的心理信息传播；第四类，领导者与被领导者、领导者与领导者之间的心理信息传播。事实上，前三种类型之间的心理信息传播，主要通过领导者与被领导者、领导者与领导者特别是个人与个人之间的心理信息传播而实现。这就需要在一定程度上进行强化、延伸、组合。

其一，强化举措，保持适当的交往传播距离，提高交往传播频率，发挥人格素质的影响力量等；其二，延伸举措，将心理愿望传播制度化，将心理意识传播行为化，将心理行为传播动作化，将心理信息传播外部活动化等；其三，组合举措，将心理信息传播与图形信息传播结合起来，将心理信息传播与语义信息传播结合起来。总之，尽最大可能促使内化的心理信息传播外化，外化为利用语言、动作等外部媒介的双向沟通和交流。

二、行为识别方式

行为识别方式，是行为识别系统的又一本质特征。对于行为识别系统的认识，有以下常见的三种误区。

（一）把行为识别方式（BI）等同于行为识别系统（BIS）

行为识别系统是由一系列行为识别项目组合构成的心理性识别系统；这些行为识别项目以行为识别方式为主，同时兼顾了表情、体态、举止动作等活动识别方式。所以，行为识别系统不能等同于行为识别方式。

（二）把具体生产经营行为等同于行为识别系统

如果行为识别系统是企业生产经营过程中所有的对内行为和对外行为的总和，那就是规范化、协调化的操作行为的总和，哪里还有识别性呢？行为识别系统的本质、要点就在识别两字。所以，行为识别系必须立足企业生产经营的独特行为方式，以独一无二的产品设计行为、生产制造行为、市场营销行为、形象传播行为等，塑造、渲染、传播企业及其产品的行为识别形象。

（三）把管理制度体系等同于行为识别系统

建立企业管理制度体系，其根本目的是规范企业组织群体行为，实现管理科学，塑造良好的企业形象，提高企业效率。而行为识别系统是在保证制度科学性的基础上，从人与人之间的心理关系入手，概括和提炼企业生产经营独特的行为方式，推动和促进企业生产经营独特管理方式的制度化和行为化。与我们日常的规章制度相比，行为识别侧重于用条款形式来塑造一种能激发企业活力的机制，这种机制应该是独有的，创造性的，因而也是识别性的。

三、行为识别形象整合

行为识别形象整合，是行为识别系统最根本的本质特征。各个行为识别项目从不同侧面、角度、层次，塑造、渲染、传播企业组织及其产品不同侧面、角度、层次的行为识别形象。行为识别系统立足于企业组织生产经营独特的行为方式，整合协同了不同侧面、角度、层次的行为识别项目，同时整合协同不同侧面、角度、层次的行为识别形象，从而塑造、渲染、传播企业组织及其产品整体同一的行为识别形象。

在 CIS 企业组织形象识别系统中，BIS 行为识别分系统主要包括十大基本项目：工作环境、领导风格、员工风貌、组织结构、组织制度、员工教育、组织风格、行为规范、组织活动、经营手段。在识别项目规划设计实践过程中，应围绕项目组织的独特经营发展战略，按照环境行为识别、管理行为识别和活动行为识别等三个支系统，对基本项目加以具体调整和定位规划。

四、BIS 是 CIS 的重点环节

行为识别系统（BIS）是在理念识别系统得以确立的基础上形成的，是一种动态识别形式，用以规范企业内部的组织、管理、教育，以及企业外部的营销、公关等一切社会活动。企业行为识别是企业理念识别的具体体现，它贯穿于企业的各项活动中，是企业形象识别的一个重要组成部分。行为识别系统是企业实践经营理念与创造企业文化的准则，对企业运作方式所做的统一规划而形成的动态识别形态。行为识别是将企业理念的本质物化在企业的行为方式上，以经营理念为基本出发点，对内建立完善的组织制度、管理规范、职员教育、行为规范和福利制度，从而增强企业的凝聚力和向心力；对外则开拓市场，进行产品开发，透过社会公益文化活动、公共关系、营销活动等方式来传达企业理念，以获得社会公众和广大消费者对企业的识别认同。

行为识别是企业 CIS 系统中的"做法"，是企业理念诉诸计划的行为方式，对内、对外的传播和组织无不以动态行为体现理念。如果说企业的理念识别是企业形象规划设计的"心"，行为识别则是企业形象规划设计的"手"。只有将企业理念化成员工精神的一部分，才能赋予视觉识别形象独特的内涵，才会得到社会公众的认同，企业 CIS 战略的实施才能够卓有成效。

第二节 ： 组织环境行为识别的规划

组织工作环境，就是组织员工的岗位环境。从形式意义上说，工作环境应属视觉识别范畴，但从行为意义上说，它又是影响行为的因素。组织内部工作环境的构

成因素很多，主要包括两部分内容：一是物理环境，包括视听环境、温湿环境、营销装饰环境等；二是人文环境，主要内容有领导风格、员工面貌、工作氛围等。一个员工每天有1/3的时间是在工作环境中度过的，环境可以影响人们的精神面貌、行为模式、工作态度、人际关系、工作质量和数量，成为一种无形的力量影响人的行为。

一、工作空间的物理环境设计

物理环境及其对人的影响是组织中最容易被忽视、最不受重视的方面之一。物理环境包括噪声、墙壁颜色、采光照明、房间大小、家具布置和工作站间隔等，对人们的交往方式有着重要影响。物理环境并不容易被人们察觉到，但它们确实是存在的，并影响着人们的行为。

（一）组织招牌标识

招牌标识是组织的第一门面，也是组织环境的首要因素。打造组织招牌需要遵循以下三个原则。

首先，招牌的造型要新颖独特，富有艺术性和形象性，并且徽标要具有形象个性化和强烈的形式感。这能迅速抓住顾客的视觉，给人以美的享受，并留下长久的记忆，诱发浓厚的兴趣和丰富的想象。

其次，招牌的字体形态要有个性、和谐，语义要富有寓意，高度概括出组织的特

性，这样既能引人思索，又能激发消费者的联想，在人们脑中留下美好的长久回忆。

最后，招牌色彩和标识颜色要便于公众的视觉感知，既产生鲜明对比，又要协调，既体现识别性，又能求得和谐的美感。这有利于顾客过滤自己心目中的品牌，激发其消费欲望。

（二）温湿度与嗅觉环境的创造

工作场所内空气清新、温湿度适宜也是环境营造的重要内容。一方面可以满足工作人员的生理需要，由此产生舒服、愉快的心理感受；另一方面可以显示企业的精神风貌，在公众心中树立良好的形象。保持清新宜人的空气，一般可采用多设窗户或气窗，进行自然通风；也可进行人工通风，如安装新风系统，经常打扫卫生和吸尘除尘等。一般来说，温度保持在15~20 ℃最为舒适，湿度控制在60%~70%为好。表3-1是不同劳动强度的舒适温度表。

此外，室内还可制造芳香气味以改善嗅觉环境。良好的嗅觉环境能使人精神爽快，心情舒畅。一般可以放置各种能散发香气的花草盆案，或人工制造淡雅的香味，如燃点香料、喷洒香水等。

（三）视觉环境的营造

1. 主色调的影响

人的视觉所见与工作场所的工作行为有很大关系。我们周围环境的主色调对

表3-1　不同劳动强度的舒适温度表

劳动类别	坐着从事脑力劳动	坐着从事轻体力劳动	站着从事轻体力劳动	站着从事体力劳动	强度大的体力劳动
温度 /℃	20	19~20	17~18	16~17	15~16

表 3-2　墙体主色调及其对人行为的影响

色调	对人行为的影响
蓝色	降低呼吸频率和脉搏跳动次数；使人安宁平静；过多过深的蓝色会让人觉得郁闷压抑
鲜红色	加快心脏跳动；引起过度的兴奋；使人易激动、易发脾气并焦虑不安
鲜黄色	使血压升高，脉搏加快，让人在非生产场所（咖啡馆、休息室等）不会逗留很长时间
浅灰色	减缓心脏跳动；使人觉得无生气并且压抑；让人想离开工作场所
褐色	一种让人放松的颜色，让人觉得舒服
粉色	使人感觉暂时的平静；经过一段时间之后，会使人产生好斗情绪
暗色调	影响人们的时间感觉，让人觉得时间过得很慢
亮色调	影响人们的时间感觉，让人觉得时间过得很快，经常用在枯燥单调的工作环境

我们的情绪、态度和行为有着重大的影响（如表3-2）。

工作场所周围环境的颜色对于员工行为起着重要的作用。但是，不能简单地规定哪种场所该用何种颜色。如果员工需要安宁平静的工作环境，那么蓝色合适。如果想避免员工间充满敌意的氛围，忌用红色。如果员工在心理上认为工作进行得很慢，那么就需要把暗颜色换成亮颜色。这也就是说，我们可以通过改变周围环境的颜色来满足不同人的需要。

2. 环境布置的影响

不仅场所颜色和物体会影响人们的态度和行为，而且环境的布置也会对环境中工作的人群产生影响。对人有吸引力的环境布置能使人精神愉快，而布置得很糟糕的环境会让人觉得不舒服。颜色对人们的影响很深，因此我们可以将令人愉悦的颜色运用到图画、悬挂织物、地毯等饰物上。此外，充足的光线、整洁的环境对人们的工作也会产生一定影响。

3. 照明条件的影响

多数情况下，照明强度对在灯光下工作的员工会产生一定的影响。一般来说，把灯光调节到使人舒服的亮度（并且光线要充足）可平均提高产出率3%~15%。对员工产生最大影响的是使灯光不刺眼，而不是改变照明强度。

工作场所的窗户也会影响员工视觉。在有窗户的房间里，员工会对自己的工作更感兴趣。他们会觉得自己的工作条件比较优越。从窗户照进来的光线，以及窗户的位置也会影响员工的观察角度及心理状况。

要创造一个良好的照明环境，在确定了照明方式后，就需要考虑适当的照度，其依据是照度标准。办公室、会议室等民用建筑的照度标准推荐值为75~150 lx。民用建筑照度标准是指工作区参考平面（距地面0.8 m处的水平工作面）上的平均照度。

4. 视觉环境的心理效应

视觉环境的营造手法多种多样，色

调、采光、照明、装饰品是常见的手段。营造一个富有吸引力的视觉环境，往往能反映出企业的品位与精神风貌。

视觉环境的心理效应表现有：第一，和谐协调的心理效应，视觉反应有和谐、协调的要求，对于光线、色彩、装饰品要求和谐协调。第二，引起美感的心理效应，爱美是人的天性，又是社会发展的产物，引起美感、造成美感是人类视觉反应的必然要求。第三，诱发情感的心理效应，光线、色彩的感觉会产生各种心理效应，会诱发人的多种情感。第四，制造假象的心理效应，人为的环境营造，往往能使视觉产生假象，造成假象的心理效应。例如，企业布置得像花园，在工作场所放置各种花卉、盆景，在墙壁上画上大幅的风景画，并营造一些假山、流水，往往能使人产生生活在大自然的假象，增加愉悦感。在营造视觉环境时要充分考虑视觉的生理心理特征和效应。

（四）听觉环境的营造

在工作中，人们强调比较多的问题之一是噪声。因为噪声直接影响人体健康、精神状态以及工作生产情况。持续的噪声会影响大脑以及其他主要器官的血液流动，破坏神经系统；噪声有可能引起癫痫病的发作；噪声对胎儿也会产生危害；噪声会引起血压上升，并对人的心理情绪产生一定的负面影响。为了有效地控制声响，不使噪声过大，应对各种产生强噪声的机器设备进行专门处理，如用吸音板加厚墙壁、装消声器。

同时，为了改善室内的听觉环境，通常可采用播放音乐的办法来达到抑制噪声的目的。动听的音乐能陶冶身心、消除疲劳、提高效率、改善气氛。播放音乐在音量、播放时间和乐曲类别上既要考虑工作性质、特点及周围环境，又要考虑人的个性特征、年龄、生活经历和风俗习惯等因素。播放音乐不是目的，它只对环境起烘托作用，因而播放乐曲的旋律一定要与环境协调。

二、工作空间的人文环境营造

（一）领导风格

组织领导是组织内的核心人物，是经营运行的主体，很大程度上主宰着组织的命运。由于组织领导处于这种特殊地位，因而，领导者的行为直接影响到组织的士气、气氛，关系到组织形象。企业领导人形象的塑造可从多方面展开，如卓越的价值观、非凡的胆略、创新精神、以人为本的理念等，甚至是富有生活情趣、热衷体育运动，擅长舞文弄墨等都可以作为企业领导形象塑造的基点。

当然，塑造企业领导形象，将其个人形象与企业品牌形象捆绑在一起也存在风险。因为个人行为具有随机性，而企业品牌形象强调统一性；人才具有流动性，而企业品牌经营强调专业性和稳定性。这样一来，塑造企业领导形象，将其个人形象与企业品牌形象捆绑在一起就存在一定风险，需慎重。

（二）员工风貌

企业组织员工是企业的主人，应拥有相应的权利与义务，这是我国《企业法》明确规定的内容。确立员工在企业的主人翁地位是社会主义市场经济体制下企业管理的本质特征和独有优势，它具有许多丰富内涵。一是主人翁意识，即强烈的自主自律意识、平等意识和创造意识；二是主人翁责任，其核心是要有主动积极的劳动态度和对企业的奉献精神；三是主人翁权利，公有制经济原则上使每一个劳动者成为某一具体岗位上执行职责的劳动者，同时又是生产资料的共同所有者；四是主人翁利益，主人翁的利益体现在每个劳动者必须分享劳动成果，实行按劳分配。由此可见，员工的主人翁地位并不是一个空泛的概念，而是要运用法规、政策予以保障落实。

（三）工作氛围

良好的工作氛围可以有效提高员工的工作效率，可以通过以下四个方面营造工作氛围。一是培养员工的认同感，通过信息分享缩短企业与员工的距离，让员工参与决策，以实现心理换位。二是培养员工的信任感，受人信任的组织可以聚集大批人才，这些人能将自己的现在和未来与这一组织联系在一起，结成利益共同体。三是培养员工的自豪感，当一个企业在社会上受到广泛的好评时，员工自然而然地会产生荣誉感；此外，高端气派的设施、现代化的生产技术、较高的福利待遇，都会使职工产生自豪感。四是培养员工的愉悦感，一个令人愉悦的工作氛围的产生，主要依赖于一个组织的基本精神，一种文明礼貌、协调和睦气氛的存在，需要企业长期地倡导和持之以恒地工作。

第三节 ┆ 组织管理行为识别的规划

组织管理行为是组织内部行为的主要组成部分，也是组织行为识别（BI）的重要内容。主要包括组织结构的设计、规章制度的制定等内容，以及人、群体和结构对组织内部有效管理行为的主要影响等关系因素。

一、组织结构设计

组织结构（Organizational Structure）是指一个组织内各构成要素以及它们之间的相互关系，它描述组织的框架体系。组织结构主要涉及企业部门构成，基本的岗位设置、权责关系、业务流程、管理流程及企业内部协调与控制机制等，直接影响着企业内部组织行为的效果和效率。

世界上没有适用于所有组织的最佳结构。无论是机械组织结构还是有机组织结构都仅适用于某一时间某一地点的具体组织。我们所学的建立理论和模型只是供组织在不同条件下选择适用的组织结构。

（一）组织结构在 CIS 规划设计中的地位

组织结构内部结构有助于解释和预测员工的行为，也就是说，除了个体和群体因素之外，员工所属组织的结构关系也对员工的态度和行为有一定的影响作用。组织结构在一定程度上降低了员工的不确定性，澄清了员工所关心的一些问题，诸如："我应该做什么？""我应该怎样做？""我向谁汇报工作？"这些内容影响到员工的态度，激励他们实现更高的绩效水平。

当然，组织结构也会在一定程度上限制和约束员工的活动。例如，在以正规化和专门化为特点的组织结构中，有着严格的命令链，授权程度十分有限，并且约束跨度较窄，因而员工的自主性也较小。这种组织的控制严格，员工行动的范围很小。相反，当组织结构的特点是有限的非正规化，约束跨度较宽，给员工提供较大的活动自由时，员工的行为更加多元化。

（二）组织结构设计的内容

组织结构设计不仅仅是简单地描绘一张企业组织结构图表，或根据企业的人员配备和职能管理需要增设或减少职能部门。组织结构设计的目的是帮助企业围绕其核心业务建立起强有力的组织管理体系。这种组织管理体系是企业核心能力的一个重要组成部分。

组织结构设计的主要任务是在分析确立企业的基本目标和宗旨的基础上，明确企业的基本战略和核心能力，设计公司的组织架构，明确部门使命与职责、岗位设置及人员编制，建立清晰的权力体系，

明确组织决策和冲突解决制度，建立各部门、各关键责任人的考核与激励机制，梳理公司基本业务流程和管理流程，并建立公司的内部协调和控制体系。

另外，一个时期设计出来的组织结构，可能要在运行一段时间后进行再设计或重组变革，并采取有效的变革管理措施使之顺利地过渡到一种新的状态，这就是"组织再造"。

（三）组织结构设计的作用

组织结构设计得好，可以形成整体力量的汇聚效应。否则，就容易出现"一盘散沙"，甚至造成力量相互抵消的局面。也许正是基于这种效果，人们常将"组织"誉为与人、财、物三大生产要素并重的"第四大要素"。也正是在这一意义上，美国钢铁大王卡内基这样说道："将我所有的工厂、设备、市场、资金夺去，但只要公司的人还在，组织还在，那么，四年之后我仍会是个钢铁大王。"由此，不难看出组织及组织工作的重要性。

二、组织制度体系构建

组织制度是指组织为保证生产经营管理的秩序而制定的工作规程，即一般制度和特殊制度，集中地体现了组织理念对员工和企业组织的行为要求。

（一）组织制度体系的内容

组织制度其实是一个由多方面制度构成的制度体系，主要分为工作制度、责任制度和特殊制度，其中工作制度和责任制度又合称为一般制度。下面我们按这三方面分别介绍其主要内容。

1. 工作制度

工作制度是指组织对各项工作运行程序的管理规定。工作制度是保证组织各项工作正常有序地开展的必要保证。工作制度具体有计划制度、劳资人事制度、生产管理制度、服务管理制度、技术工作及技术管理制度、设备管理制度、劳动管理制度、物资供应管理制度、产品销售管理制度、财务管理制度、生活福利工作管理制度、奖励惩罚制度等。

2. 责任制度

责任制度是指组织内部各级组织、各类工作人员的权力及责任的规定，一般包括领导干部责任制、各职能机构和人员的责任制及员工的岗位责任制等。责任制度构建的目的是使每名员工、每个部门都有明确的分工和职责，使整个组织能够分工协作、井然有序、高效运转。

3. 特殊制度

特殊制度是指组织的非程序化制度。例如，员工评议干部制度、总结表彰会制度、干部员工平等对话制度等。在组织行为识别系统中，组织制度带有最明显的强制性，因而对员工的言行起着极大的约束作用，对整个组织形象的塑造具有重要作用。

（二）组织制度体系的规划原则

建立组织制度体系，最根本的目的是要实现管理科学化、提高组织效率和效益，这就必须充分体现"以人为本"的管理思想。因此，设计组织制度需遵守下述原则。

1. 充分传达组织理念

组织理念是组织文化的核心和灵魂，是制定组织制度的根本指导思想和最高原则。组织价值观是组织制度所规范的组织一切活动的出发点，组织最高目标是它们的归宿点，组织哲学、组织宗旨、组织精神、组织道德、组织作风也分别从不同角度、不同层次对组织行为发挥决定性的作用。因此，符合组织理念的主旨、体现组织理念的目标和要求是设计组织制度要遵守的第一原则。

2. 主次分类制度

一般来说，应该首先制定那些涉及面最广、对企业运行最为重要的主要制度，然后以其为框架，分门别类地拟定其他次要制度或带有补充性质的制度。按照这一原则制定出来的企业制度体系，系统性强，结构清晰，主次得当，而且不容易出现遗漏。

3. 相互兼顾，整体协调

有了主要的管理制度以后，着手制定的制度中就应该把重点放在落实责任。如果没有领导干部责任制、职能部门和人员的责任制、员工的岗位责任制，企业的各项管理制度由谁来执行呢？值得注意的是，责任制度往往被企业忽视。因此，组织制度设计必须坚持相互兼顾、整体协调的原则。

4. 宽严有度

制度刚性是维持其严肃性和有效性的基础，这是管理科学化的重要体现。但是，组织的生产经营管理实践经常受到外部干扰和内部各种因素的影响，为了在不断变化的内外环境中保持制度体系的有效性，必然要求组织的管理制度要充分考虑变化的适应性，具备一定的弹性。

三、员工教育培训规划

企业组织导入 CIS 战略，企业本身的自我认同，最重要的是员工对企业的认同，全体员工从思想认识上统一到企业的经营理念、经营宗旨、经营目标和经营方针上来。因此，企业对员工的教育与培训是企业实施 BIS 的重要内容。企业组织员工是将企业整体形象传递给外界的重要窗口。对员工思想、职业道德、人格、作风、技术和管理能力、服务态度礼貌等方面的教育和培训，可以实现企业形象的提升。企业组织员工教育培训方面的规划，可以通过开展以下活动来实现。

①颁发 CIS 手册，使员工熟悉载入其中的企业理念、行为和视觉识别系统等内容。

②通过视、听传播形式向员工介绍企业有关 CIS 导入背景、经过及新制定的企业理念。

③开展企业 CIS 应用要素的实际运用活动。如企业标志，企业精神的标语、口号，企业标准色、标准字等，在产品包装、宣传媒体上的应用，装饰布置企业内外环境。

④举办礼仪培训班。如对员工仪表仪态、电话礼貌等方面进行培训，提高员工的综合素质。

⑤开展形式多样的宣传活动，如举办以宣传企业理念、经营宗旨，塑造企业形象为主题的演讲比赛、文娱活动等，以展示企业的精神风貌，培养员工的团队精神和集体荣誉感。

四、组织风俗规划

组织风俗是组织长期沿用、约定俗成的典礼、仪式、习惯行为、节日、活动等。由于组织风俗随组织的不同而有所不同，甚至有很大差异，因而成为区别不同组织的显著标志之一。尽管一些组织风俗并没有在组织形成明文规定，但在组织制度体系中占有很重要的地位，对员工和群体有很大的行为约束和引导作用，往往被称为"不成文的制度"。

（一）组织风俗的类型、性质与作用

1. 组织风俗的类型及其特点

由于分类标准的不同，可以将组织风俗划分为下列不同类型。

按照载体和表现形式可以划分为风俗习惯和风俗活动。组织风俗是指组织长期坚持的、带有风俗性质的布置、物质或是约定俗成的做法。例如，有一些组织每逢节假日都要在工厂门口挂上灯笼（彩灯）、贴上标语或对联、摆放花篮。

按照是否组织特有可分为一般风俗和特殊风俗。一些组织由于行业、地域等关系而具有相同或相近的组织风俗，这些相同或相近的组织风俗就是一般风俗，如市庆、歌咏比赛、体育比赛就是许多组织共有的。特殊风俗是指组织独有的风俗，如二十世纪八十年代郑州亚细亚商场每天早晨在商场门前小广场举行的升旗仪式及各种表演，引起了不小的轰动。

2. 组织风俗的性质

了解组织风俗的性质，对于认识组织风俗的内涵、正确区分组织风俗与其他行

为识别系统要素（如组织制度）的异同，进行组织风俗的改造和设计具有很重要的意义。

①非强制性。组织风俗一般不带任何强制性的色彩，是与组织"官方"的规章制度不同的"民间规则"，是否遵守组织风俗主要取决于员工的个人兴趣和爱好，违反组织风俗也不会受到任何正式的处罚。组织风俗的形成和维持，完全依靠员工群体的习惯和偏好。

②可塑性。可塑性包含两层含义，一是指可以经过主观的策划和设计组织活动并使之付诸实施，通过年复一年的运行逐渐演化成为组织风俗；二是指对已形成的企业风俗，可以按照组织要求进行内容和程式的改造，使之向着组织期望的方向发展。可塑性是组织风俗的重要特性，正是由于这一特性使得可以主动地设计和形成某种良好的风俗，改造和消除不良的习俗。

③程式性。组织风俗一般都有一些固定的规矩或惯例，如固定的程序、必不可少的仪式、物质的品种和样式、参与者的习惯着装等。这些固定的程式使得组织风俗造成一种特殊的环境心理定式，使参与者在其中受到感染，在心理上产生认同。

3. 组织风俗的作用

良好的组织风俗，有助于组织文化的建设和组织形象的塑造。其具体作用体现如下：

①引导作用。良好的组织风俗是组织理念的重要载体。在风俗习惯营造的氛围中，员工可以加深对组织理念的理解和认同，并自觉地按照组织的预期做出努力。

②凝聚作用。组织风俗能够长期形成，必然受到多数员工的认同，是员工群体意识的反映，这种共性的观念意识无疑是组织凝聚力的来源之一。设计和建设组织风俗，对增强员工对组织的归属感、增强组织向心力和凝聚力有着积极的作用。

③约束作用。组织风俗鼓励和强化与其相适应的行为习惯，排斥和抵制与之不相适应的行为习惯，因此对员工的意识、言行等起着无形的约束作用。

（二）组织风俗的影响因素

组织风俗在萌芽和形成的过程中，主要受到下列来自组织内外的复杂因素的影响。

1. 民俗因素

民俗因素是指组织所在地民间的风俗、习惯、传统等，它们在当地群众中具有广泛而深刻的影响。许多组织风俗都来自民俗。比如，一些北方企业在新年到来时给办公室、车间贴窗花的风俗，显然是来自北方老百姓剪窗花的民俗。

2. 组织因素

组织风俗一般限在组织范围内，参与者以本组织员工为主，因此组织或组织主管部门对组织风俗有决定性的影响。政策因素对组织风俗的影响，主要是组织理念的主导作用，有时也辅以行政力量的调控作用。例如，政府部门组织下属组织进行的劳动技能比武，后来成为不少国有企业的一项风俗。

3. 个人因素

组织领导者、英雄模范人物、员工非正式团体的"领袖"等人的个人意识、习惯、爱好、情趣、态度常常对组织风俗有着较大的影响，个人因素中组织领导者的影响尤为显著。因此，组织领导不应忽视组织风俗，而要在组织中倡导良好风俗，改造不良习俗，并努力把组织理念渗透到其中。

（三）组织风俗的规划、培育和改造

组织风俗的设计和培育，其实包括两方面内容，一是设计和培育新的组织风俗，二是对现有风俗的改造。在这样的情况下，组织主动地设计和培育优良风俗显得尤为重要。

1. 优良组织风俗的目标模式

①体现组织文化的精神层面内涵。组织文化精神层是制度层的灵魂，符合组织最高目标、组织精神、组织宗旨、组织作用、组织道德的组织风俗往往是由比较积极的思想观念意识作为软支撑，有助于培养员工积极向上的追求和健康高雅的情趣。

②与组织文化制度层要素和谐一致。组织风俗是联系企业理念和员工意识、行为习惯的桥梁，它和组织各种成文的制度一样，对员工起着一定的约束、规范、引导作用。这就要求组织风俗和组织的各项制度保持和谐一致，互为补充、互相强化，以更大的合力为塑造良好组织形象发挥作用。

③与组织文化物质层相适应。无论组织风俗形式还是风俗活动，都必须建立在一定的物质基础之上。而组织文化物质层无疑是组织风俗最基本的物质基础，对组织风俗的形成和发展具有很大的影响。

2. 培育崭新组织风俗的原则

①循序渐进原则。根据设计的目标模式培育企业风俗，组织通过各种渠道可以对组织风俗的形成产生外加的巨大牵引和推动，但这种作用必须是在尊重组织风俗形成的内在规律的前提下发挥。倘若揠苗助长，可能导致"欲速则不达"，甚至给企业带来不必要的损失。

②方向性原则。组织风俗的形成需要一个较长期的过程，需要时间的积累，而在这个发育形成过程中，组织风俗不断受到来自组织内外的各种积极的和消极的因素影响。这一特点决定了组织应在风俗的形成过程中加强监督和引导，使之沿着组织所预期的目标方向发展。

③适度原则。组织风俗固然对塑造组织形象和改变员工思想、观念、行为、习惯具有积极的作用，但并不意味着组织风俗可以代替组织的规范管理和制度建设，必须把握好一个"度"。因此，培育组织风俗既要做"加法"，也要做"减法"。

3. 对现有组织风俗的改造

改造组织风俗，首要前提是对组织风俗进行科学全面的分析。对现有组织风俗的分析，应坚持三个结合：结合组织风俗形成历史，正确地把握组织风俗的发展趋势和未来走向；结合组织发展需要，不仅要考虑组织的现实需要，而且要结合组织的长远需要；结合社会环境，从社会的宏观高度来考察和认识组织风俗的社会价值和积极的社会意义。改造组织风俗，根据组织风俗中积极因素和消极因素构成的不同，主要有四种不同方法：

①扬长避短法。指采取积极的态度影响和引导组织风俗扬长避短、不断完善。这一般用于巩固和发展内外在统一、基本属于优良范围的组织风俗。

②立竿见影法。指运用正式组织的力量对组织风俗进行强制性的干预，使之在短期内按照组织所预期的目标转化。这种办法一般用于对内在观念积极，但外在形式有缺乏或不足的组织风俗。

③潜移默化法。指在正式组织的倡导和舆论影响下，通过非正式组织的渠道对组织风俗进行渗透式的作用，经过一段较长的时间逐步达到组织预期的目标。这种办法一般用于外在形式完善、内在观念意识不够积极，但尚不致对组织发展产生明显阻碍或不良作用的组织风俗。

④脱胎换骨法。指运用正式组织和非正式组织共同的力量，对组织风俗从外在形式到内在观念都进行彻底改变或消除。这是对待给组织发展造成明显阻碍的、封建落后的恶劣习俗所必须采取的办法。

五、员工行为规范设计

在同一个组织之中，所有员工应该具有一些共同的行为特点和工作习惯。这种共性的行为习惯，一部分是广大员工在长期共同工作的过程中自发形成的，一部分则是组织理念、组织制度和风俗长期作用的结果，从员工总体上看尚处于不自觉的阶段。这种共性的行为习惯越多，内部的沟通和协调越容易实现，对于增强企业内部的凝聚力、提高整个组织的工作效率都会产生非常积极的影响。

（一）员工行为规范的主要内容

根据组织运行的基本规律，无论是什么类型的组织，都会从仪表仪容、岗位纪律、工作程序、待人接物、环卫与安全、素质修养等几个方面对员工提出要求。

1. 仪表仪容

这是指对员工个人和群体外在形象方面的要求，它可具体分为服装、发型、化妆、配件等方面。新员工在组织的成长变化是一个从"形似"（符合外在要求）到"神似"（具备内在品质）的过程。而要把一名员工培养成为组织群体的一员，最基础的要求就是仪容仪表方面的规范。因此，从组织形象的角度看，仪容仪表的规定往往被组织作为员工行为规范内容的第一部分。

2. 岗位纪律

岗位纪律是员工个体在工作中必须遵守的共性要求，其目的是保证每个工作岗位的正常运转。岗位纪律一般包括如下几个方面：一是作息制度，即上下班的时间规定和要求，这是组织最基本的纪律。二是请销假制度，根据国家规定，对病假、事假、旷工等进行区分，并就请假、销假做出规定，以及对法定假日的说明。三是保密制度，每个组织都有属于自己的技术、工艺、商业、人事、财务、政策等方面的组织秘密，绝大多数组织都对此有严格的规定。四是特殊纪律，这是根据组织特殊情况制定的有关纪律。如我国一些地区酒风盛行，有人上班时间总是醉醺醺，严重影响工作，于是山东有一家企业率先在员工行为规范里写入"工作日中午严禁喝酒"的规定。

3. 工作程序

这是对员工与他人协调工作的程序性的行为规定，包括与上级、同事或下属的协同和配合的具体要求。一般分为以下几部分：接受上级命令，执行上级命令，独立工作，召集和参加会议，配合工作，尊重与沟通，报告要求。

4. 待人接物

由于现代组织越来越多地受外部环境的影响，企业对外交往活动的频率、形式和内容都因此有较大增加，对员工待人接物方面的规范性要求不仅是塑造组织形象的需要，而且是培养高素质员工的必要途径之一，主要包括以下几个方面：礼貌用语，基本礼节，电话礼仪，接待客人，登门拜访。

5. 环境与安全

①环境方面。组织在环境保护方面对员工提出一定的要求，不仅有利于营造和维护组织的良好生产、工作、生活环境，而且对于塑造良好的组织视觉形象有直接帮助。保护环境规范主要有办公室、车间、商店、组织公共场所方面的清洁卫生以及保护水源、大气、绿化等要求，需要根据组织实际需要而定。

②安全方面。维护企业生产安全和员工生命安全是一项重要的工作内容，不同企业有着不同的安全规范。例如，交通、运输、旅游等行业一般提出安全行车要求，而化工企业则对有害化学物品的管理和有关操作程序有严格规定，电力行业则对电工操作、电气安全有相应规范。

6. 素质与修养

提高员工的技术水平、工作能力和全面素质，是各类组织的重要目标之一。组织除了采取短训班、培训班、研修班、讲座、进修等措施建立必要的培训制度之外，必须激发广大员工内在的学习积极性。因此，许多有远见的组织在员工提高自身素质与修养方面做出了相应的规定，并纳入员工行为规范。

（二）员工行为规范的规划原则

要成功地设计员工行为规范，下列原则是应该被充分考虑的。

1. 一致性原则

员工行为规范必须与组织理念保持高度一致，充分反映组织理念，成为组织理念的有机载体。行为规范要与已有的各项规章制度充分保持一致。坚持一致性原则，是员工行为规范存在价值的根本体现。在这一原则指导下制定的规范性要求容易被员工认同和自觉遵守，有利于形成组织文化的合力，塑造和谐统一的组织形象。

2. 针对性原则

这是指员工行为规范的各项内容及其要求的程度，必须从组织实际，特别是员工的行为实际出发，以便能够对良好的行为习惯产生激励和强化作用，对不良的行为习惯产生约束作用和进行负强化，使得实施员工行为规范能够达到组织预期。

3. 合理性原则

员工行为规范的每一条款都必须符合国家法律、社会公德，其存在要合情合理。坚持合理性原则，就是要对规范的内容进行认真审核，尽量避免那些不合常理的要求。

4. 普遍性原则

员工行为规范的适用对象不但包括普

通员工，而且包括组织各级干部，当然也包括组织最高领导，其适用范围应该具有最大的普遍性。设计员工行为规范时，坚持这一原则主要体现在两个方面：一是规范中最好不要有只针对少数员工的；二是规范要求人人遵守，其内容必须是组织领导和各级干部也应该做到的，如果干部由于工作需要或客观原因很难做到，应避免制定。

5. 可操作性原则

行为规范要便于全体员工遵守和对照执行，其规定应力求详细具体，这就是所谓的可操作性原则。如果不注意这一原则，规范中含有不少空洞的、泛泛的条款，不仅员工无法遵照执行，而且会影响整个规范的严肃性。

6. 简洁性原则

不应该面面俱到，而要选择最主要的、最有针对性的内容，做到规范特点鲜明、文字简洁，便于员工学习、理解和对照执行。

第四节 ┊ 组织活动行为识别的规划

组织外部活动主要是通过市场调查、产品开发、市场营销、广告公关、服务活动和开展其他各种活动等，向社会公众不断地传输组织行为形象信息，以求得到社会公众的认同，为组织的经营创造理想的外部环境，从而提高组织的知名度、美誉度和信任度。

一、新产品开发规划

企业组织必须进行市场调查，以求得与消费者需求的一致性，在此基础上进行新产品的设计和开发。特别是要通过市场调查确定好市场定位，即根据市场的竞争情况和本企业的条件，确定企业的产品和服务在目标市场上的竞争地位，从而为产品创造一定的特色，赋予一定的形象，以适应特定顾客的需求。

新产品开发是企业的战略任务，也是树立企业形象的良好手段。新产品设计融现代科技、文化艺术和管理为一体，它从社会的、经济的、技术的、文化的、艺术的角度，对某种特定物质对象进行构思创造。市场竞争对产品开发提出了许多新的要求，只有产品设计以新颖独特的构思与创意、技术的加工和艺术的处理，提高产品附加值，企业的产品形象才能得到提高。

二、服务活动规划

由于技术手段和消费水平的提高，市场上的同类产品在内在质量方面往往没有太大差别，因此在市场渐趋饱和和全球竞争日益激烈的情况下，产品的差别化战略配合良好的服务，构成了竞争的主要手段。以优质高效的服务活动和服务行为，不断地争取顾客，赢得顾客的心，是企业一切活动的出发点和归宿，也是竞争制胜的法宝。对于顾客来说，有时服务质量等软件因素比设备等硬件因素更为重要。

就服务内容而言，包括服务态度、服务质量、服务效率；就服务过程而言，包括三个阶段，即售前、售中和售后服务。服务活动的效果，取决于服务活动的目的性、独特性和技巧性。服务来不得半点虚假，它必须是言必信、行必果，带给消费者实实在在的利益。

三、营销活动规划

营销活动包括了营销管理、促销管理、广告管理的方方面面，活动形式具体包括产品发布会、订货会、推广会、展览会、经销商会议、消费者恳谈会、市场调研会、品牌评估会等等；按活动对象可分为针对经销商的营销活动，针对消费者的营销活动，针对学术研究的活动。让利于商，以诚待商并服务于商；脚踏实地地练内功，真诚地面对顾客，是实现企业长远目标的需要。经销商和消费者，是大多数企业的两种顾客，两种顾客都要满足其需要，但两种需要是不同的。经销商需要的是市场、利润以及可持续发展的品牌；消费者需要的是优质的产品，独特的精神享受和优惠的价格。

四、广告活动规划

广告可分为产品推销广告和形象广告。

对 CIS 系统，应更加重视形象广告的创造，以获得社会各界对组织及产品的广泛认同。组织形象广告的主要目的是树立产品信誉，扩大组织知名度，增强企业凝聚力。产品形象广告不同于产品推销广告，它不是产品本身的简单化再现，而是创造一种符合顾客追求和向往的形象，通过商标、标志的表现及其代表产品的形象介绍，让产品给消费者留下深刻的印象，以唤起社会对组织的注意、好感、依赖与合作。

组织形象广告的主要类型有：组织实力广告、组织观念广告、组织公益广告、组织响应广告、组织庆典广告、组织征求广告、组织招聘广告、组织事故广告等。

五、公关活动规划

公关活动是树立企业形象的大好时机，应当充分抓好公关活动，以规范的行为来传播企业各类信息。媒体报道、新闻发布会、记者招待会等新闻宣传，是隐性的广告宣传，比一般的广告宣传更具威力，要注意新闻性、真实性、企划性。新闻性，要注意把握发布新闻和制造新闻两种技巧；真实性是指要具有真实的内容，避免制造噱头；企划性是指新闻的发布要经过严密的组织，可以延伸到市场活动中，并产生销售效应。

企业参与文化与体育活动，对形象提升、知名度与美誉度的提高有直接的作用。活动必须与企业市场活动紧密地联结在一起，要注意活动的社会影响力、目标消费者的参与程度、费用、可操作程度和预期效应评估等。按照企业实力有选择地赞助公益活动，发动员工参与赈灾济困，激发员工的社会责任感。

六、组织业余文化体育活动规划

组织业余文化体育活动，是指利用业余时间组织员工开展的群众性文化活动和体育锻炼活动。这不仅是丰富员工业余生活的主要手段，而且有利于增加员工对群体的认同，使组织精神、组织作风在喜闻乐见的形式中传承和弘扬，增强员工对组织的认同感和归属感。因此，业余文体活动是组织文化精神层的重要载体，也是进行组织文化建设的重要途径。

（一）组织业余文体活动的主要形式

业余文体活动，按照不同的分类依据，通常可以分为强制性和非强制性、经常性和偶发性、定期和不定期、娱乐性和竞赛性、参与性和观赏性等类别。娱乐性的活动，重在参与，寓教于乐；竞赛性的活动则往往以集体为单位，突出团队精神和集体荣誉感。下面列举一些员工能够参与的常见文体活动形式。

1. 演讲比赛

可按不同语种或者不同内容、主题来组织，例如北京公交系统组织的以迎奥运为主题的英语演讲比赛。演讲的内容贴近员工生活，如阐述企业精神、赞扬员工中的好人好事，是员工进行企业文化宣传的有效方式。

2. 知识竞赛（或技能大赛）

可以是以普及、宣传科学文化为目的的综合性知识竞赛，也可以是有针对性主题的知识竞赛，例如"爱我中华——历史

知识竞赛""现代企业制度知识竞赛"。知识竞赛能够促进员工了解企业文化，深化对企业文化的理解。

3. 文艺汇演

唱歌、舞蹈、器乐、小品、相声、戏剧等各种形式综合的文艺演出，有时还增加有观众参与的知识问答、抽奖等活动。通常在重大节日、纪念日举办，由于一般在晚上进行，因此又被称为文艺晚会。

4. 书画、摄影比赛（或者展览）

组织员工利用业余时间进行的书画、摄影作品集中展示，也可以进行评奖。借此展示员工书画水平和综合修养，鼓励员工追求真善美。

5. 游园活动

一些组织利用节日（纪念日）在公园、绿地、广场等举办的综合性娱乐活动，其内容往往包括小型文艺表演、灯谜竞猜、故事会、舞会以及各种游戏性活动。

6. 运动会

如田径运动会、趣味运动会，都可以根据组织实际情况有选择地开展。

（二）组织业余文体活动的规划原则

设计业余文化体育活动就是确定活动的具体形式、周期、规模并形成组织业余文体活动的体系。设计时必须坚持下述主要原则。

1. 有益员工身心健康

这是开展业余文化体育活动的基本作用，也是组织设计业余文体活动始终不能背离的原则。例如，沙漠穿越、江河漂流、攀登雪山等较危险的活动，最好不要组织；而带有赌博色彩的活动、观看内容

低俗的影视片，更是坚决不允许的。

2. 有利组织经营管理

这也是组织开展业余活动必须坚持的原则。组织在设计业余活动时，要从实际出发，一方面不要过于频繁，以免员工在这些业余活动上花费太多精力而影响和干扰正常工作和经营管理；另一方面，在考虑员工爱好的同时，选择一些与组织工作相关性较大的活动，如促进团队建设的集体项目，促进员工学习提高的知识竞赛。

3. 有助组织文化建设

作为组织文化的制度层一个组成部分的业余文化体育活动，要有利于促进员工对组织文化观念层、物质层和制度层其他部分的理解、认同和贯彻，使组织文化成为一个和谐的系统。

第五节 ┊ 组织行为识别系统（BIS）手册的编制

编制行为识别手册的根本任务，是对行为识别系统也就是企业生产经营的独特行为方式，进行具体和准确的规范。所以，行为识别手册不只是员工行为手册，更是概括、提炼、提升企业生产经营行为的识别性，并且加以文字说明和图例标示的规范手册。行为识别系统的规范既是心理传播规范，又是经营操作规范，还是行为管理规范，三位一体。同时，行为识别系统必然因为借助图形信息传播和语义信息传播而引入视觉识别系统和理念识别系统的各种有关规范。

一、组织识别行为规范主要工作

规范企业生产经营的独特行为方式及其识别行为，必须抓好以下六个方面的工作：

第一，具体行为识别项目及其识别行为的目标和要求；

第二，识别行为的基本内容和识别特征；

第三，识别行为的动作分解和操作程序；

第四，识别行为的偏差错位和纠正措施；

第五，识别行为的培训方法和督导方法；

第六，识别行为的评估指标和实绩奖惩。

总之，以文字说明和图例标示相结合的方法，明确行为识别项目。具体是内容。

二、识别行为规范须遵循的原则

具体规范行为识别，要遵循和实施现代设计的四大基本原则，即人体工程学原则、形式美原则、创造性原则、人的全面发展原则，并处理好以下八个方面的关系。

第一，妥善处理识别行为与具体操作环境之间的关系；

第二，妥善处理识别行为与具体操作器械之间的关系；

第三，妥善处理识别行为与行为指向对象之间的关系；

第四，妥善处理识别行为之间的关系；

第五，妥善处理识别行为内部识别行为之间的关系；

第六，妥善处理识别行为与识别行为操作者之间的关系；

第七，妥善处理识别行为操作者、培训者、督导者之间的关系；

第八，妥善处理识别行为投入与产出之间的关系。

三、提升识别行为规范须把握的问题

具体规范识别行为的投入产出比例，提高识别行为的效应、效果和效益，必须周密地评估和精心设计开发，要注重和引入现代设计的人体造型设计、操作空间设计、信息显示设计三大关键性环节的规范，把握好以下八个方面的问题。

第一，双手的动作应该是同时的和对称的；

第二，能用双脚完成的动作尽量用双脚完成；

第三，工具和物料应该放在近处并且直接放在操作者的面前；

第四，所有的工具和物料必须有明确的和固定的存放地点；

第五，物料和工具应该按照动作顺序放置；

第六，工作台和工作椅的高度，最好有利于操作者坐姿和站姿交替进行；

第七，机械传导装置、信号传导装置、运输传送装置既要醒目，又要符合操作者的动作顺序；

第八，骤然和急剧改变方向的动作，更易于采用流畅而连续的手动操作。

思考与练习

1. 企业组织行为识别系统的构成要素有哪些？

2. 查阅资料了解日本松下电器公司是怎么教育、培训员工的，并加以分析。

3. 组织风格有什么作用？优良组织风格的目标模式应符合哪些要求？

4. 组织为什么要设计和制定员工的行为规范？员工行为规范通常包括哪几部分内容？

5. 对一定企业组织来说，建立现代企业制度，你认为最必不可少的是要建立和健全哪些制度？作为 CIS 规划设计者在这方面应如何把握作业内容与方向？

6. 结合本章学习，你如何进一步理解组织文化的制度层与理念层的关系，以及组织文化与制度创新的问题？要求对"理念如何塑造制度"的问题做深入探讨。

第四章

组织文化物质层的设计

在组织文化的三个层次中，物质层是最外在的层次，也叫作表层。人们认识一个组织的文化，往往首先感受和了解的是它的物质层内容。

组织文化物质层的内容非常丰富，本章我们按照其相应的视觉识别系统中的组织标识、组织环境、组织服装、组织文化用品、组织产品与包装、组织广告媒体等六个识别项目，分别从视觉识别要素设计角度做概括性的介绍。

第一节 ⋮ 组织视觉识别系统（VIS）的基本特征

VIS 是 Visual Identity System 的简称，是指视觉识别系统。视觉识别系统是组织形象识别系统的一个重要组成部分，塑造、渲染、传播组织及其产品的视觉识别形象，把不同的组织和产品特别是同类的组织和产品，以视觉识别方式为主从根本上加以辨识并区分。视觉识别系统是以图形信息传播和图形信息识别为主的组织形象识别系统。视觉识别系统既是行为识别系统的基础，又是理念识别系统的基础，是整个组织形象识别系统的基础。

视觉识别系统主要有三大本质特点。第一，以图形信息传播为主。第二，以视觉识别方式为主。第三，视觉识别形象整合同一。

一、图形信息传播为主

图形信息传播为主，是视觉识别系统的一大本质特点。如果说生理结构及其需要和行为，是人的生理、心理、思维、审美结构及其需要和行为的基础，那么作用于生理结构及其需要和行为的直觉信息传播，则是人类一切信息传播的基础。人类接收、处理、把握、应用外界信息，80％以上依赖于视觉媒介的作用、视觉器官的机制、视觉传播的效应。所以，视觉信息传播不仅是直觉信息传播的基础，而且是人类一切信息传播的基础。

视觉识别系统以图形信息传播为主，但是并不排斥听觉和触觉等其他直觉信息传播。人们不仅具有视觉、听觉、嗅觉、味觉、触觉、压觉、温觉、痛觉等外感觉，而且具有平衡觉、运动觉、机体觉、思维觉、生态觉、时间觉等内感觉。这些内外感觉都能用来传播信息。相比起来，视觉以外听觉信息传播尤为常用。实际上，不少组织设计开发了听觉、触觉、味觉、嗅觉等识别项目。美国 IBM 公司的视觉识别系统，就设计开发了公司主题歌曲《IBM 永远前进》，作为重要的听觉识别项目。欧美、日本一些生产经营盲人用品的组织，设计开发了一系列触觉识别项目。例如，把组织识别标志制作为凹凸造型的立体版，并且选择特定的材料，便于盲人靠触摸来感知、辨识、判定、区别组织及其产品。此外，食品组织设计开发味觉识别项目，化妆品组织设计开发嗅觉识别项目，也都屡见不鲜。

二、视觉识别方式为主

视觉识别方式为主，是视觉识别系统的又一本质特征。视觉识别系统及其视觉识别项目是视觉识别方式的主要识别内容。有人认为，视觉识别好比组织的脸面；有人认为，视觉识别的重点在物，是一种媒介或载体；有人认为，视觉识别意指纯属图形信息传递的各种形式的统一。这些说法貌似相异、实质相同。不仅把视觉识别（VI）和视觉识别系统（VIS）混为一谈，而且把视觉识别方式和视觉识别内容混为一谈。以视觉识别方式取代了视觉识别系统及其视觉识别项目和其他直觉识别项目，从而把视觉识别系统变成了外在的"脸面"、传播的"媒介"、纯粹的"形式"，既抽空了视觉识别系统内在的图形信息传播和识别的具体内容，又抽空了视觉识别系统所塑造、渲染、传播的组织及其产品的视觉识别形象。

组织识别设计的视觉识别设计，注重于组织及其产品的视觉识别形象。图形传播为主的视觉识别设计，立足于组织生产经营独特的运行实态，运用现代平面构成设计、立体构成设计、色彩构成设计及其协同整合，认识、把握、提升、表现组织生产经营运行实态及其视觉识别整体同一

性，设计开发一目了然的视觉识别系统，塑造、传播、渲染组织及其产品的视觉识别形象。就这一意义来说，组织识别设计及其视觉识别设计，也就是组织生产经营过程的视觉识别管理。

三、视觉识别形象整合同一

视觉识别形象整合同一，是视觉识别系统最根本的本质特征。视觉识别系统一般分为基础系统和应用系统两大方向。基础系统主要包括十大基本识别项目：组织标准名称、组织标志、专用品牌商标、组织标准字、组织标准色、组织辅助标识、组织吉祥物、组织视觉基础要素组合、组织识别标志变形、其他专用字体等。应用系统主要包括十大基本识别项目：组织标识物、生产经营环境、工作制服及饰物、办公用品、公共关系用品、产品与包装、交通设施及车辆、展示场所、广告媒介、网站等。在视觉识别基础系统的十大项目中，起基本作用的是组织识别标志和组织识别标志变形，能够塑造、渲染、传播组织及其产品的视觉识别形象。

视觉识别应用系统是视觉识别基础系统的具体应用系统，包括产品生产、流通销售、信息传播的组织生产经营三大流程，优选了三大关键性环节，设计开发了十大基本识别项目。其中，首选的项目主要是标牌和车辆设计，包装用品设计，业务、办公、公关用品设计，广告形象和媒介设计。因为这些对于组织及其产品视觉识别形象乃至组织识别形象的塑造和渲染，起着至关重要的作用。因此，视觉识

别系统是组织及其产品的视觉识别形象和视觉识别方式有机统一的直觉性识别系统。设计导入视觉识别系统，必须立足于组织生产经营的独特运行实态。

四、视觉识别系统（VIS）是CIS的基础环节

对企业形象设计来说，企业理念、企业行为和企业视觉设计三者是相辅相成、相互支持的。其中理念识别是基础，行为识别是导向，视觉识别是桥梁，三者共同作用，缺一不可。理念的重点在精神，是企业形象设计战略系统的原动力；企业行为识别的重点在人，是人的主观能动性的反映；企业视觉设计的重点在物，承载着企业理念的全部内涵。理念识别系统作为企业识别的灵魂，统领行为识别系统和视觉识别系统。

理念识别系统向静态的视觉识别系统渗透是以企业理念为核心，寻找视觉形象的构图、色彩和表达方式，即视觉识别系统是理念识别的静态表现，企业理念经由标准化、系统化的视觉识别系统表现，才能达到塑造企业形象的目的。

第二节 ⋮ 组织标识的设计

组织标识通常指组织名称、组织标志、组织标准字、组织标准色四个基本要素以及各种辅助设计。组织标识是组织文化物质层的核心要素，也是构成组织视觉形象的基础，应集中体现组织文化精神层的要求，充分传达组织理念。

组织标识系统是组织视觉和图形表达，它们的作用是从视觉上和图形方面将组织竞争区别开来，通过字体颜色、徽标等标识的应用在社会树立组织的视觉和图形差异。最理想的情况，组织标识系统为组织提供独一无二的定位，加深顾客对组织的熟悉度。

一、组织名称设计

设计组织名称，是注册新组织的必要步骤，也是老组织进行二次创业、塑造崭新组织形象的需要。

组织名称设计，不仅是确定用于工商注册的正式名称，往往还要同时确定汉语简称、英文名称（及缩写）以及国际互联网域名等。组织名称一般应具备下列特点。

（一）个性

组织名称是构成组织的基本元素，是组织重要的无形资产，是组织区别于其

他组织的根本标识。组织名称一旦注册，便受到法律的保护。因此在确定组织名称时，要考虑不得与其他组织名称相同或相似，否则便是侵犯了其他组织的合法权利，会给组织造成很大的损失。

确定组织名称后，应立刻在 Internet 上注册域名，否则若被他人抢先注册，不但影响本组织可能的商机，而且可能付出代价。麦当劳公司曾被他人抢注域名，后来被迫以 800 万美元的代价买回；我国企业被海外抢注的国际商业域名就多达上万个。

（二）民族性

组织置身于民族文化的土壤，并从中获得继续发展的强大动力，因此，设计组织名称应充分体现民族特点。外国企业进入中国市场、确定中文译名的时候，也同样要考虑这一点。采用一些有积极含义的词语为外资、合资企业命名，其效果往往远胜音译，如通用、奔驰、宝洁、宝马。

同样道理，当我国企业进军海外市场，企业名称译为外文时，也必须充分考虑所在国的文化传统和风俗习惯。因此一般组织参与国际竞争，也需要考虑名称的国际性，要确定一个英文名字，例如日本的 Sony（索尼）、韩国的 Dawoo（大宇）、中国青岛的 Haier（海尔）、中国台湾的 Acer（宏碁）等。

（三）简易

简短易记是组织名称设计的另一原则。日本索尼公司原名叫"东京通信工业株式会社"，其产品销往美国时，美国人很难把音调念准，公司创办人盛田昭夫从

"福特"汽车的名称中受到启发，于 1958 年将公司名称变更为 Sony（索尼），后来它成了家喻户晓的大公司。企业的中文名称应避免生僻字，英文名称则应便于拼读。

组织名称多长为宜？一般来说，4 至 6 个字最容易记忆，而且还要符合中文的句式特点和阅读习惯。当然，当组织名称字数较多时，也可以确定一个不会产生歧义的简称作为宣传之用，如清华同方股份有限公司简称"清华同方"。

二、组织标志设计

组织标志是组织的文字名称、图案或文字图案相结合的一种平面设计。标志是组织整体形象的浓缩和集中表现，是组织目标、组织哲学、组织精神等的凝聚和载体。

组织标志的重要功能是传达组织信息，让社会公众对组织产生印象。组织标志一般被运用在组织广告、产品和包装、旗帜、服装及各种公共关系用品中。组织标志出现的次数和频度影响社会公众的接受程度，因此应尽可能多地使用组织标志。

（一）组织标志设计的基本知识

设计组织标志无疑是一件大事，因此组织的最高决策层应该了解标志的基本知识，对设计提出具体而明确的要求。一般而言，组织标志的基本形式分为下列几类。

第一类是表音形式，即由组织名称的关键文字或某些字母组合而成。这是标志表现的常用形式，许多组织标志都属于这种形式，再加上装饰或艺术处理，以达到美化的目的。美国商用机器公司（IBM）

的标志是由公司名称中 international（国际的）、business（商业）和 machine（机器）三个英语单词的首字母大写组成（如图 4-1）。同样，海南诚友汽车俱乐部标志也是由"诚友"拼音八个字母构成（如图 4-2）。国内有很多企业或其他组织机构都采用汉语拼音字母或缩写来构成组织标志。

第二类是表形形式，即由比较简明的几何图形或象形图案构成。图形本身就代表一定的含义，也称图形语言，而且经过平面设计师的处理，形象感很强。例如，海口石山火山群世界地质公园（如图 4-3）、中国银行（如图 4-4）等组织标志。这种形式唯一的缺陷是往往不太容易让人把这个图形与组织名称联系在一起。因此，许多设计都把图形与组织名称同时用上，以弥补传达不足。

第三类是把上述两类结合起来，即音形形式。此类标志兼有前两种类型的优点，又在一定程度上避免了它们各自的缺点，因此往往受到设计师的青睐，并比较多地被组织采用。例如，海南劲艺设计工程机构（如图 4-5）的标志、海南奔牛投资有限公司（如图 4-6）的标志都属于这种类型。

（二）组织标志设计的原则

标志设计除遵循组织名称设计时提到的个性、民族性、简易等原则外，还应注意下列原则。

1. 识别性原则

识别性原则是组织标志设计的一大原则。好的标志通常个性鲜明，有着强烈的视觉感染力，使大众一眼便能记住，才不会在茫茫的信息世界里被淹没。但是，标志设计不能一味地追求独特性，它只是为

图 4-1　美国商用机器公司标志

图 4-3　海口石山火山群世界地质公园标志
（劲艺机构）

图 4-2　海南诚友汽车俱乐部标志（劲艺机构）

图 4-4　中国银行标志（靳埭强）

图 4-5　海南劲艺设计工程机构标志（许劲艺）

图 4-6　海南奔牛投资有限公司标志（许劲艺）

了较好地体现事物的独特性而使用的一种艺术手段（如图 4-7、图 4-8）。

2. 实用性原则

标志是商品的附属品，当其被制作成各种实物之后，是否可以应对各种各样复杂的环境也是其需要重点关注的。

一般来说，标志在复制、宣传、传输的过程中会使用较多繁复的工艺，比如打造成霓虹灯、玻璃造型设计等。所以设计者要充分考虑它在各个制作领域的适用性，考虑成本造价和运输便利等因素（如图 4-9、图 4-10）。

3. 简洁性原则

现代社会生活节奏不断加快，标志设计也越来越呈现简单化的趋势。过去，人们可能沉迷于独特的标志设计，因而会

图 4-7　海口景业广场标志（劲艺机构）

图 4-9　金鸽广告标志

图 4-8　云南宝鹤食品标志（许劲艺）

图 4-10　香港玉莲养发机构标志（许劲艺）

显得过于烦琐，反而不具备辨识度和记忆度。现在人们意识到，如果标志的设计元素冗杂，反而宣传价值不高。"Less is more"成了设计师们的共同追求（如图4-11、图4-12）。

4. 文化性原则

标志的文化性原则一般通过文化传统、社会风向、时代特征等方面来表现。它不仅取决于标志自身的文化意义，还取决于其所处的社会环境和受众的背景文化，每一个人在不同的文化背景下都会有自己的个性理解，所以设计师应充分考虑这些因素带来的不同影响。例如红十字（如图4-13）和万字符。红十字在阿拉伯译成红色新月（如图4-14），在伊朗却译作红色狮子和朝阳，这就是不同文化背景所引起的问题。为了避免歧义，国际红十字组织在一些阿拉伯国家使用了红色新月的名称和标志。海口市中医院（如图4-15）标志以阴阳双鱼的丹药和莲花作为设计元素，构成"莲盘托灵丹"形象，体现了华夏中医药文化的特征，并从色彩语言上表明了区域文化。

5. 艺术性原则

标志作为视觉传达的重要载体，应具有令人赏心悦目的美感，在造型、结构、色彩方面都能出彩。标志设计的重点与难点都在于如何把产品形象转化为视觉形象，而不是简单意义上的象征符号，应充分考虑如何渗透企业理念与价值追求，既具有实用价值，又具有视觉美感，唯有创意和优美的视觉传达相互碰撞时，才能创

图4-11 海口市妇幼保健院标志（劲艺机构）

图4-12 易道国际连锁咖啡酒吧标志（许劲艺）

图4-13 红十字

图4-14 红色新月

图4-15 海口市中医院标志（许劲艺）

造出极具艺术性的标志（如图 4-16 ~ 图 4-19）。

（三）组织标志设计的程序

1. 调查研究

在设计一个标志之前，通常需要开展一系列调查，掌握关键信息。首先，要了解客户的需求，其目标诉求是什么；其次，要对企业历史、规模、规划、产品特色、面向群体等方面有所了解，有时还需开展专门的市场调查，分析竞争对手的优劣势；最后，对收集回来的信息进行统计分析，选择出设计所需的元素，把握设计的总体方向，再开展下一步工作。

2. 设计构思

设计构思阶段，要完成设计方案的基本框架。在前期调查研究的基础上，凝练出企业或产品形象的关键词，在此基础之上，努力寻找独具的文化创意。香港上海汇丰银行的标志设计不遵循传统的设计思路，突破以"钱币"和"文字"符号为主的银行符号传统设计，以"时间沙漏""钻石"等视觉符号为主，设计出了别具一格的符号，用以传达"积少成多"的企业文化，突出银行金融功能，寓意其未来无限（如图 4-20）。

3. 标志命名

标志命名是标志设计的关键之处，名称的定位影响着设计的最终导向。优秀的标志命名通常具备深厚的文化内涵，包括文化传统、企业理想、地域特征等因素。

图 4-16　凤凰卫视标志

图 4-17　海南四季春食品标志（许劭艺）

图 4-18　海南医学院临床技能实验教学中心标志
（许劭艺）

图 4-19　2008 奥运会标志

图4-20　上海汇丰银行标志

标志的命名需要注意以下几点，一是要避免重复，别具一格；二是要易读易认，切勿生硬拗口；三是要依法依规，能顺利注册；四是要准确生动，避免歧义；五是要命名鲜明，体现产品特色；六是要高瞻远瞩，利于长远发展。

4. 草图阶段

草图阶段一般采用手绘形式，手绘的线条相比电脑绘图更具灵动感，一般可以分为三类：一是大致草图，通常是设计师自己的初步灵感体现，只是草草几笔；二是具体草图，在大致草图的基础上，逐步细化，解决难题；三是沟通草图，即从大量的草图方案中，拿出几个成形的草图供客户选择，该类草图通常便于理解想象，能够与客户进行基本交流，以便后期修改（如图4-21）。

5. 深化阶段

在这一阶段，要对草图方案不断完善，逐步推敲、总结、提炼，精心打磨标志的每个细微之处，打造完整的造型，使标志在整体造型、色彩搭配、线条美感、尺寸标记等方面都达到理想状态，并与客

图4-21　BALDUCCI'S 食品标志与草图

图 4-22　云南宝鹤食品商标和草图（许劭艺）

户及时进行沟通，达成共识，最终确定正稿。这一阶段就是对标志草图的"再加工"（如图 4-22）。

6. 正稿制作

标志正稿一般通过现代电脑技术来制作，电脑上适于制作标志的常用软件有 CorelDraw、Freehand、Illustrator 等，这些软件绘制的都属于矢量图形，能够让标志在不同环境下都不失真、不变形，实现统一、规范、有序的传播效果。正稿的制作参照严格的框架格式，以标准的尺度打造标志。正稿一旦确定后，就必须要使制图标准化，确定详细的尺寸数据，各部分之间的比例关系，打磨细节，确保不会出现一丝错误。

7. 视觉调整

在标志的正稿完成之后，还要对标志进行最后的视觉调整，可以从以下几个方面开展：一是对标志所处环境进行多方测试，检验其在不同环境下的视觉表现，从而开展具体的修正；二是考察标志在各类媒体、载体中的视觉效果，确保其多方面的适应性，具备一定程度的延伸功能；三是结合企业 VI 的视觉识别系统，确保标志和其他元素在组合时，位置、比例都能够实现整体构架上的平衡（如图 4-23）。

三、组织标准字的设计

标准字是指组织或品牌名称经过一系列设计后，最终确定的规范化、标准化的平面（或立体）的表现形式。其与组织标识和商标一样，具有丰富的文化意义，蕴含深厚的企业文化底蕴。同样的组织文化精神层和制度层，以不同文字的形式开展视觉识别，会使不同受众产生不同的认知与理解。所以，标准字的设计一旦确定，不做随意变更，组织要有意识地在各类场合、媒介、环境中广泛使用，通过重复记忆，树立组织持久鲜明的整体形象。

（一）字体及其视觉效果

在汉字字库里，常用字体有宋体、楷

标准型
适用于高度 16 厘米以上

修正型 1
适用于高度 8~13 厘米之间

修正型 2
适用于高度 5~6 厘米之间

图 4-23　日本美能达企业标志的视觉调整

体、黑体、隶书、魏碑、仿宋体等。这些字体不但形成年代较早，而且在长期发展的历史过程中被我国人民普遍接受、广泛使用（如图4-24）。

宋体　楷体　**黑体**　隶书

新魏碑　仿宋体

图4-24　汉字常用字体

西文主要指起源于拉丁文的英文、德文、俄文、法文等拼音文字，英文的使用范围更为广泛。西文由一组字母构成（如英文有26个字母），有大写、小写之分。西文品目种类繁多，因此基本字体也非常多，这里列举几种常见的西文字体（如图4-25）。

ABCDabcd　　　　　EFGHefgh

a）Times New Roman　　b）Arial

corporate　　　　culture

c）Impact　　　　　d）Verdana

图4-25　西文常用字体

上述常用字体主要见诸印刷品中，因此又称作印刷体或基本字体。无论中西文字体，在使用时都能以笔画加黑或变细、字形拉长或压扁以及倾斜等方式推演出其变体（图4-26～图4-28）。

爱厂如家　　　　　　振兴中华

a）细圆体笔画全部加粗　　b）宋体竖画加粗

图4-26　笔画的粗细变化

Study　　　　　**study**　　　　study

a）原来字体　　b）加黑　　　c）拉长

（arial）　　（arial black）　（arial narrow）

图4-27　西文的两种变体效果

加强组织文化建设　*加强组织文化建设*

图4-28　字体的倾斜

除此以外，美术字由于富有变化、生动活泼，因此受到专业人士的欢迎，在广告、招贴画和其他公共关系用品中被大量使用（如图4-29）。

图4-29　美术字

（二）标准字设计的原则

标准字设计，主要是确定它的书写形式。"写字"是一个看似简单的事情，但从组织形象设计的角度来讲，要"写"出反映组织特色的标准字却不容易。为此，应注意掌握下述主要的原则。

1. 识别性原则

字体的识别易辨性主要体现在三方面：一是要选用公众普遍看得懂的字体；二是要避免使用与其他企业，特别是同行竞争对手相似的标准字；三是字体的结构清楚、线条明晰，不同比例也具备相应的清晰度。如劲艺机构设计的海口市120急救中心标准字以综艺体为基础，在字体形状和笔画排列方面都做了行业识别设计，体现该组织的紧急动态、责任如山的急救组织文化内涵（如图4-30）。

图4-30　海口市120急救中心标准字

2. 关联性原则

对标准字的设计，不能单纯考虑美观度，还要与组织、产品的特征有一定的内在联系，以便达到联想目的，准确传达企业理念。设计师熟悉组织理念，对于标准字设计工作是有益的。香港玉莲养发国际连锁机构选用汉鼎繁颜体，其浑厚、庄重、大气和权威性的字体风格，充分体现了"玉莲"组织的目标宗旨与经营性质。

3. 协调性原则

标准字的字体要与它常常出现在其上的产品、包装等相适应，与组织产品或服务本身的特点相一致，与经常伴随出现的组织标识（或商标）等相协调。例如，儿童用品选用很严肃古朴的字体、妇女用品选用棱角分明的字体，就会显得很不协调。绿博士、联想集团的标准字与其标识配合得就比较和谐（如图4-31、图4-32）。

（三）标准字设计步骤

设计组织标准字，一般依照下面步骤进行。

第一步，调查分析。调查的目的是防止与其他组织的标准字重复，这一步通常在整个CI策划的前期调查中进行，无须单独开展，以节省调研费用。通过调研筛选出具有与组织基本形象特征相对应的视觉形象特征字体，以其独特的视觉形态风格传达企业的理念特质与精神面貌。

第二步，设计开发。标准字设计几乎都是与组织标识、商标、标准色设计一起进行的，这样便于保证设计出来的总体效果，可以交由专门机构设计或面向社会、员工公开征集。在此基础上，比较主要方案字体的造型特点和造型各要素，展开字体策划布局和必要的视觉修正。

第三步，方案评估。这是最为关键的步骤。评估的标准除了前述三条原则以外，还有组织自身的一些特殊要求。当设计方案数量较多时，需要经过初评、复评、终评等几个回合。终评出两至五种方案再提交组织最高层，最终选用一个中选方案。有时对中选方案还需要做个别的细部修改，以便更加完善。

第四步，制作规范图。组织标识、商标、标准字等最后选中的设计方案，除了效果图以外，通常为了保证标准字在传播过程中实现统一性、标准化，应对标准字

图4-31　联想集团标识与标准字

图4-32　绿博士产业园标识与标准字（劢艺机构）

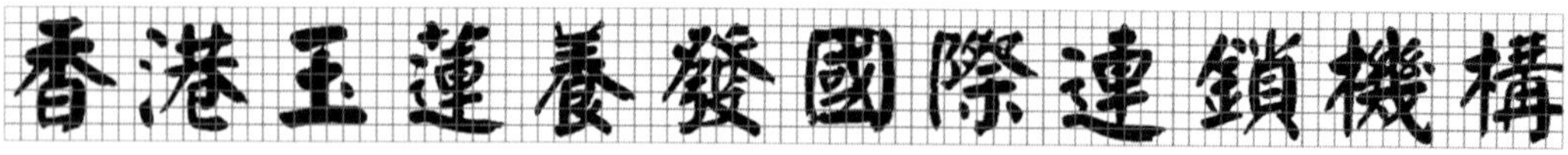

香港玉蓮養發國際連鎖機構

图 4-33 玉莲机构标准字设计

的形态、空间、策划、角度等有关因素进行明确的尺寸规范；设计出放样图（或称坐标图），以便制作（如图 4-33）。

四、组织标准色的设计

组织标准色是指经过筛选、提炼、设计后选定的能够代表组织整体形象的专门色彩。标准色一般与组织标识、标准字配套使用，常出现在建筑、包装、服饰、媒介广告等载体上。

（一）色彩的基本特点

1. 色彩三要素：色相、明度和彩度

在五彩缤纷的世界里，我们看到的色彩首先可分为彩色与无彩色两类，前者有红、黄、蓝等色，后者则指黑、白、灰色。认识和区别不同色彩，就必须了解色相、明度和彩度这三个基本的色彩要素。色相就是色彩的相貌，既有红、黄、蓝等原色，又有橙、绿、紫等混合色；明度是指色彩的明暗程度，表示色彩所受光度的强弱；彩度是指色彩的纯度，或浓度、饱和度，三棱镜分解阳光得到的光谱中呈现的红、橙、黄、绿、蓝、靛、紫等各种色相就是彩度最高的纯色。

2. 色彩的感觉

调查研究表明，色彩具有冷暖、胀缩、轻重、进退、兴奋与沉静等不同感觉。

冷暖感：即色彩带给人冷热的感受。令人感到温暖的色彩叫作暖色，如红色、橙色、黄色等色彩。使人感到寒冷的色彩叫作冷色，如青绿、青色等。还有一些色彩介于暖色和冷色之间，如绿色、紫色等。

轻重感：即色彩给人以轻或重的感觉。同样面积或体积的东西，明度高的看起来比较轻，明度低的看起来比较重。

进退感：即色彩给人前进或后退的感觉。暖色或明度高的色彩有前进的感觉，冷色和暗色则有后退的感觉。

在上述研究成果的基础上，学者们经过进一步研究发现，色彩还与人的味觉、嗅觉以及物体形状之间存在某些特殊联系，这对组织文化物质层设计具有一定价值（如表 4-1）。

3. 色彩的心理效应

由于色彩的不同感觉，它不但会使人产生各种不同的感情，而且可能影响精神、情绪，甚至可能导致行为变化（如表 4-2）。

4. 色彩的民族特性

不同国家和地区有着不同的文化传统，对色彩的理解也不尽相同。因此，设计师在对标准色进行设计时，要充分了解当地的文化传统，研究受众的喜好禁忌，甄选出有利于组织传播形象的色彩，帮助树立良好的组织形象（如表 4-3）。

（二）组织标准色的设计原则

1. 充分反映组织理念

组织视觉形象识别的各个要素都必须

表 4-1 色彩与味觉、嗅觉、物体形状的关系

感觉		色彩
味觉	酸	从带黄色的绿到带绿色的黄等一系列色彩
	甜	从橘黄到带橙色的红色和从粉红到红色的系列色彩
	苦	褐色、橄榄绿、紫色、蓝色等色彩
	咸	灰色、白色、淡蓝、淡绿等色彩
嗅觉	香	紫色、淡紫、橙黄等类似香水或花卉具有的色彩
	辛香	橙色、绿色等
	芳香	高明度的、高纯度的色彩
	恶臭	暗的、不明朗及暧昧色彩
形状	固体、硬物	暗褐色、深蓝色、金属色等普遍发暗的色彩
	液体	青绿色等
	浓乳液	粉红色、乳白色等
	粉状物	黄色、土黄、浅褐色等

表 4-2 色彩的心理效应

色彩	感情倾向
红色	生命、热烈、喜悦、兴奋、忠诚、斗争、危险、烦恼、残暴
橙色	温馨、活泼、渴望、华美、成熟、自由、疑惑、妒忌、不安
黄色	新生、单纯、庄严、高贵、惊讶、和平、俗气、放荡、嫉妒
绿色	生长、胜利、和平、青春、新鲜、安全、冷漠、苦涩、悲伤
蓝色	希望、高远、安详、寂静、清高、空灵、孤独、神秘、阴郁
青色	神圣、理智、信仰、积极、深远、寂寞、怜惜
紫色	高贵、典雅、圣洁、温厚、诚恳、嫉妒
金色	华美、富丽、高级、气派、庸俗
银色	冷静、优雅、高贵
白色	纯洁、清白、干净、和平、神圣、廉洁、朴素、光明、积极
黑色	庄重、深沉、坚毅、神秘、消极、伤感、过失、死亡、悔恨
灰色	谦逊、冷静、寂寞、失落、凄凉、烦恼

表 4-3 部分国家和地区对色彩的喜爱和禁忌

国家	喜爱	禁忌
德国	南部喜欢鲜艳的色彩	茶色、深蓝色、黑色、红色
爱尔兰	绿色及鲜明色彩	红色、白色、蓝色
西班牙	黑色	

续表

国家	喜爱	禁忌
意大利	绿色和黄、红砖色	
保加利亚	较沉着的绿色和茶色	鲜明色彩，鲜明绿
瑞士	彩色相间、浓淡相间色	黑色
荷兰	橙色、蓝色	
法国	东部男孩爱蓝色服装、少女爱穿粉红色服装	墨绿色
土耳其	绯红、白色、绿色等鲜明色彩	
巴基斯坦	鲜明色、翠绿色	
伊拉克	红色、蓝色	黄色
中国港澳地区	红色、绿色	黑色、橄榄绿色
缅甸	鲜明色彩	
泰国	鲜明色彩	黑色（表示丧色）
日本	红色、绿色	
叙利亚	青蓝色、绿色、白色	黄色
埃及	绿色	蓝色
巴西		紫色、黄色、暗茶色
委内瑞拉	黄色	红色、绿色、茶色、黑色、白色表示五大党，不宜用在包装上
古巴	鲜明色彩	
墨西哥	红色、白色、绿色	
巴拉圭	明朗色彩	红色、深蓝色、绿色等不宜用作包装
秘鲁		紫色（十月举行宗教仪式除外）

围绕组织理念这个核心，充分反映组织理念的内涵，标准色也不例外。而且由于色彩引起的视觉效果最为敏感，容易给人留下印象，因此标准色对于传达组织理念、展示组织形象具有更加突出的作用。例如，海尔集团采用蓝色作为标准色，容易使人联想到大海，进而把海尔那种阔步世界、争创国际名牌的组织目标联系起来，无疑是一个较为成功的范例。

2. 具有显著的个性特点

色彩无论怎样变，人眼可视范围无非赤、橙、黄、绿、青、蓝、紫和黑、白几种，而成千上万的组织都要有自己的标准色。因而标准色的重复率是极高的。在这样的实际情况下，就必须考虑如何体现组织的个性特点，既反映组织理念内涵、产品和服务特色，又尽量避免与同行业的重复或混淆，可以考虑采用多种颜色做标准色。

3. 符合社会公众心理

主要是指考虑色彩的感觉、心理效应、民族特性以及公众的习惯偏好等因素。首先要避免采用禁忌色，公众普遍能够接受；其次是尽量选择公众比较喜爱的色彩；最后应当适合国际化的潮流。例如，富士胶卷采用绿色作为标准色，使人联想到生机盎然的大自然、森林、绿树等，给人带来积极的心理感受。

（三）组织标准色开发的程序

1. 色彩调整阶段

主要是调查分析与同类竞争组织之间的差异，特别是色彩使用上的差异，以及色彩与组织理念的关系，产品色彩的特点和消费者的评价，组织环境和宣传色彩的情况。

2. 管理概念阶段

根据调查结果以及组织策略的需要设定相应的表现概念，以创造组织形象，确定组织标准色形象概念的关键词，并进行综合评价。

3. 色彩形象阶段

依据色彩形象尺度对组织形象的概念与色彩形象做出一个合理、客观的定位。在分析的基础上进行色彩搭配，在设计中要注重色彩的诱目性、明视性。一般情况下，应从表现的需要确定主色调，进而推敲色相、明度、彩度三个基本要素，同时考虑面积、对比、过渡、强弱等因素。

4. 效果测试阶段

根据选定的色彩样本进行心理性、生理性和物理性的调查和测试，以确定色彩样本是否表现出了组织的形象概念。

5. 监督管理阶段

色彩确定后，还应制作用色规范，规定色彩应用中误差的范围。对色彩进行统一管理，以便保证色彩统一、正确使用，

建立标准化的色彩计划。

五、组织吉祥物的设计

现代吉祥物的概念指企业造型，英文为"Corporate Character"，按国内理解的名称即为企业吉祥物，吉祥物的英文为 Mascot，是一个具有特别意义的视觉要素。组织吉祥物是指为了强化组织性格，诉求产品特质而选择适宜的人物、动物、植物，设计成具象化的图形，形象夸张，富于幽默及拟人化的手法，形式感强，能够引起人们注意，产生强烈印象，塑造组织形象的造型符号。

（一）组织吉祥物的设计题材

题材的选择是组织吉祥物设计的关键环节，它决定了造型的生命力，对企业形象塑造有着不可忽视的作用。设计师们通常会从组织特征、产品特点、精神内涵等方面着手，从能够代表组织精神和组织形象的动植物，从神话或历史故事延伸出来的人物形象中进行选择，充分考虑所在地区的国情、民俗特征、行为习惯、宗教禁忌等，以做出合理的设计。

1. 人物类

如海尔小王子以及福武书店的不同姿态人物（如图 4-34、图 4-35）。

2. 动物类

从动物的神情姿态、动作特征等方面着手，隐喻企业的服务理念。日本麒麟啤酒公司选用麒麟的动物造型，其奔跑的形态寓意奔跑不息、活泼向上的企业价值观（如图 4-36）。劭艺机构设计的海口市妇幼保健院吉祥物以袋鼠为设计元素，

图 4-34　海尔小王子

图 4-35　福武书店吉祥物

袋鼠是具有浓厚母爱的一种动物，爱护小袋鼠十分周到。该吉祥物借助母婴袋鼠形象特征，生动展示了母爱精神，体现出本妇幼保健院的经营宗旨和服务理念（如图4-37）。

3. 植物类

不同植物在不同季节有着不同的特点，其所蕴含的意义也不尽相同。如牡丹代表着雍容华贵，竹子代表着高风亮节。比较典型的案例有香港地区的紫荆花，苹果公司的苹果，海口市人民医院的三角梅

等（如图4-38～图4-40）。

4. 产品类

以企业生产的产品形态或产品材料的造型为基本造型元素作为吉祥物，如法国米其林（Michelin）公司的轮胎汉（如图4-41）。

5. 字母类

以企业名称或商标的字母为设计元素，如某建材公司的Z先生，基督教的十字架（如图4-42、图4-43）。

图 4-36　日本麒麟啤酒公司的吉祥物

图 4-37　海口市妇幼保健院的袋鼠吉祥物

图 4-38　香港特区紫荆花

图 4-39　苹果公司吉祥物

图 4-40　海口市人民医院标志、院徽和吉祥物

图 4-41　法国米其林公司的轮胎汉

图 4-42　建材公司的 Z 先生

图 4-43　基督教的十字架

（二）组织吉祥物的设计方法

组织吉祥物设计一般从动植物的生长习性、联想关联性、地域特征、季节特征等方面展开，并注意以下几个方面。

1. 把握比例

组织吉祥物的比例常以 1∶4、1∶3、1∶2、1∶1（以一个人头为单位）为佳，侧重于表现头部特征，以简练的线条为主，确保其能在多种载体上进行传播。

2. 展现造型动态

造型动态使用坐、走、跑、跳等动作，喜、怒、哀、乐等表情，植物的开、合、俯、仰等状态。

3. 修正造型风格

随着时间或组织性质的变化，原有的造型可能不能很好地适应时代的变化，因此需要在保持原有形象的基础上，不断加入新的元素，对造型进行不断的更新与调整。

（三）组织吉祥物的设计应用

吉祥物作为 CIS 设计的一个重要组成部分，它与标志共同承担起展示组织形象，将组织及其产品和服务不断推向市场的重任。同时，吉祥物以其幽默、夸张、拟人化的手法，使组织的形象更具亲和力，从而缩短与社会大众的距离，它主要应用于以下方面。

1. 二维媒体

如印刷品等。一方面应使制作质量尽可能完美；另一方面应灵活调整造型的不同表情、姿势等形态。

2.三维媒体

如影视媒体。一方面可根据不同的媒体投放市场变更某种造型的形态；另一方面充分发挥媒体的功能，动静结合，运用语言、音乐、镜头等元素，使造型更具表现力。

3.户外广告和POP广告等

如路牌、车体。其应用常有三种方式：一是单独使用，如大型POP立牌、吊旗，通常会结合广告文案配合使用；二是同标志、标准字等要素结合使用，烘托气氛，如车体、广告；三是结合商品的广告宣传内容使用，如橱窗、展台、促销品等。应依据广告内容、特点、环境的不同，选择不同的造型形态。

4.企业公关物品

如赠品和商品包装等，用来深化企业运营理念。

第三节　组织环境的设计

良好的组织物质环境，不仅能充分展示组织的文化品位，而且能有效提高员工的工作效率，让员工以舒缓平和的心态投入工作。所以，对组织物质环境的设计是组织文化物质层设计中的关键环节。组织环境设计主要包括：组织所处的自然环境，建筑布局和建筑风格，厂房（车间、办公楼、商店）的装修和布置，建筑景观等。

一、组织自然环境与建筑布局设计

组织的自然环境与建筑的布局紧密相关，人们可以通过对自然环境的理解、改善、美化自然环境，以实现自然环境与人类社会活动的有效结合。好的组织环境与建筑布局设计一般要遵循以下三个原则：一是进行功能分区，根据功能将场地划分为不同区域，功能相似的建筑相集中；二是考虑经济实用，有长期业务往来的部门应尽量靠近，提高沟通效率，避免时间浪费；三是突出组织特点，尽量形成自己别具一格的环境特征，避免与其他组织重复。

二、厂房和作业区环境设计

厂房主要包括工业企业的生产车间及辅助用房。厂房的设计除了要从建筑结构的角度考虑之外，也要充分考虑文化层面的因素。厂房的设计应包含对企业文化的渗透，对员工的人性关怀，激发人在心理上的认同感。厂房设计渗透管理学与美学的设计原理，充分调动员工的劳动激情，从而有效提高生产效率，减少不必要的精神消耗与资源浪费，提升企业内在的创造力与发展力。

者为核心，不断满足消费者日益变化的购物需求。

三、办公室环境设计

对于组织成员而言，办公室是重要的工作场所。因此，办公室的设计尤为关键，主要包括工作区域规划、硬装软装、灯光音响、办公用品等资源的配备，办公室环境布置的好坏直接影响工作人员的工作热情。因此，我们在对办公室进行设计时，需要遵循三个原则：一是要便利实用，降低办公设备成本，满足基本办公需求；二是要美观大气，营造良好的工作氛围；三是要突显特色，反映企业文化和组织思想，以对办公人员产生积极的影响。优秀的办公室设计应同时满足以上三个原则。

四、商店环境设计

对各类综合性商场、仓储式超市、专营店（专卖店）等商业企业来说，商店设计的主要目的是营造良好的购物环境，以促进消费为目的，不仅让消费者满足当次的购物需求，还能有效提高品牌忠诚度。商店设计的原则可以从美观、舒适、安全、便利等方面来进行综合考虑，以消费

五、组织环境标识识别系统设计

组织环境标识识别系统包括组织的建筑环境和标识物，是重要的视觉传达方式。建筑环境主要包括组织的工作、生产、经营的场所，特别是组织的建筑物外观形象与内部装修风格，以及公共设施情况。组织的标识物是指在组织生产经营场所安装的路牌、旗帜和指示导向标牌，它不仅具有指示功能，还有识别功能。

（一）环境风格设计

环境风格主要是指组织机构建筑的形态、内外空间和设施的总体特征及其所传达出来的组织性质特征和形象感受，主要表现在组织大门、建筑外观造型、景观风格等方面，体现组织的个性特征和文化内涵。因此在设计上要借助周围环境，考虑环境、空间和象征性三个方面要求，突出和强调组织识别标志，充分体现组织形象的标准化、正规化和美感（如图4-44、图4-45）。

在CIS开发中，组织往往通过建筑空间的功能性，建筑物所形成的内外环境，

图4-44　海南经贸职业技术学院大门

图4-45　清华大学大门

图 4-46 海南经贸职业技术学院标识导向牌（许劲艺）

建筑物的象征性等来传达组织的形象信息（如图 4-46）。建筑形象设计有三个基本要求：第一，建筑形象应充分表现出组织特征和内涵，并同建筑的功能性、象征性相结合；第二，建筑物及其环境应具有较强的亲和力，有效地感化社会公众对组织形象的理解和支持；第三，环境风格的设定应以组织基本形象为设计依据。

（二）标识物识别设计

组织的标识物也是组织的主要象征，社会大众对组织的认知往往是从招牌、旗帜和指示标识的接触开始的。它们主要运用在组织机构工作、生产、销售、展销、展览等场所，简便易行，不仅扩大了组织知名度，还美化了社会环境，是组织的第一门面，具有强烈的吸引力和明显的识别作用。

1. 组织旗帜的设计

作为组织对内对外的传播手段，旗帜不仅具有信息指示、引导和美化环境的作用，同时也是组织的象征。旗帜简单易制，多用于办公环境、组织机构大门、广场、厂房、展览展销等场所。旗帜基本设计要素包括组织标志、组织名称略称、标准色、吉祥物、广告语、品牌名称、商标、图形等（如图 4-47）。

2. 室内外指示牌的设计

组织机构室内外标识主要指组织为了表示组织的标志和名称（中英文），表

图 4-47 组织旗帜

示建筑物及其他设施的名称、部门机构的名称，表示环境的指示、引导性质等而设定的组织招牌、指示系统。一般标识指示牌设置在组织内外环境中和建筑物上，如组织机构大门、关键路段、主要建筑物上等，是组织对内对外传达信息的最直接的方式之一（如图4-48）。

标识指示牌设计应注意以下要求：第一，应注意室外标识的安全性、环保性、耐久性，室内标识管理上的方便；第二，应考虑与周围景观、设施和建筑空间的协调和对比，标识物造型的不同角度、不同距离的传达效果；第三，版面信息（意义诉求、感性诉求）应简洁、明快、醒目；第四，室内外标识系统设计项目应在表现组织个性的基础上，保持信息内容和形式上的一致性，以及标识物造型风格的整体性。

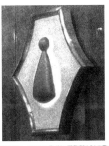

图4-48　室内外指示牌

第四节　组织服装的设计

组织服装，指组织为员工配发的服装。过去，组织服装功能单一，通常仅仅指工作服，往往被单纯划入劳保和福利的范畴。如今，组织服装除传统的劳保和福利的功能外，还增加了许多功能，特别是组织文化和组织形象的功能日益受到重视，组织服装的设计被明确纳入了组织文化的物质层设计之中。

一、组织服装设计的职能部门

组织服装穿在员工身上，无疑是区别组织与外界的一个标志，成为组织文化的一个重要载体。无论是单独设计款式进行定制，还是从市场上选购，组织服装都应从反映组织文化特色的角度来进行决策。从这个角度来说，就不能把组织服装仅仅作为后勤行政部门的工作，而首先要把它作为组织文化部门的工作。严格来说，组织服装设计工作是组织文化部门统筹下的后勤、行政部门工作。

二、组织服装设计的内涵和层次

组织服装设计，主要分为款式设计和文化设计，具体的款式设计是服装设计师的工作，而组织文化角度的服装设计更多属于广义的内涵，主要包含三个层次的设计工作：一是总体设计，即确定组织服装的性质、功能、分类和设计的总体原则；二是方案设计，确定组织服装的序列、规格、款式、价格范围及预算、管理规定和发放的具体原则；三是款式设计，除确定服装的式样外，还需要确定服装用料、做工及详细价格预算。很多企业往往根据从服装批发市场获得的调研，直接选择已有的款式并进行定购，省去了款式设计这一环节。

三、组织服装的设计原则

（一）满足工作需求

组织服装首先要从实际工作需要出发来进行设计，要满足安全需要和劳动保护的要求。同时，也要符合人体工程学的原理，方便员工工作。例如，有一家饭店配发的工作马甲只有一种规格，没有考虑员工的高矮胖瘦，有些员工勉强穿上以后，

工作很不方便，这是没有从工作需要出发进行设计。

（二）反映组织文化

在设计组织服装的过程中，需要将组织文化作为重要条件加以全面考虑。在组织服装中体现组织物质层的组织标识、标准字、标准色等要素，能够较好地反映组织文化。如很多企业采用标准色作为企业服装的颜色，并把标识或者标准字印制在工作服和安全帽上，不失为一种值得借鉴的经验。

（三）打造组织形象

作为组织的"形象名片"，组织服装必须设计得美观大方，体现组织品位。为此，需要将不同年龄、不同性别、不同工种的员工的心理需求统筹考虑，以获得集体认同。有的组织服装在设计时按照工作性质的不同进行了分类细化。例如图4-49所示企业，所有的服装都区分了男款和女款。

四、组织服装的设计方法

（一）办公服

办公服是组织行政人员的统一服装，多采用流行的西服样式。面料以毛绦为主，色彩以黑灰、蓝灰等灰色系为主，凸显沉稳的气质，适合于办公的环境气氛。

（二）工服

根据工种类别，工服的用料和设计会有所不同。例如，车间里的工人、商场里的销售、酒店里的服务员、建筑工地的施工者，其工作环境和工作内容都大不相同。需要特别注意的是，工服的设计要便

图 4-49　易道国际连锁咖啡酒吧系列服饰（劢艺机构）

于穿着者工作、耐脏、耐磨、易打理，所以一般选择化纤、卡其布、牛仔布等面料，并突出组织个性。

（三）饰物

饰物主要包括帽子、领带、领结、丝巾、别针等。饰物大小不一，材料各异，所以要根据实际情况选取不同的设计。如领带、领结、丝巾等多以组织的象征纹样为主要表现方式；而扣子、领带夹、别针等由于体积小，则以单独的组织标志放置为主。

（四）T恤

在夏季，许多组织以文化衫作为员工的统一服装，因为其不仅价廉物美，又能兼顾舒适需求。T恤多以针织面料为主，设计形式较为多元化。图案加工方式以丝网印、热转印、绣制为主。

第五节 ∶ 组织文化用品的设计

组织文化用品主要指对外公务活动中经常使用的办公用品。组织名片、信笺、信封、画册、纪念品等，都是常见的文化用品。它们是组织文化向外界辐射的渠道，是组织文化物质层中非常重要的一部分。

一、组织名片的设计

名片是现代社交场合必备的用品。初次见面和相识的时候互换名片，表示双方彼此间的尊重；因此，名片设计不仅是员工的个人行为，而且能反映组织品位和层次，是组织文化设计的一个要素（如图4-50、图4-51）。

（一）组织名片的设计常识

持有者的姓名、持有者的身份、联系方式，是名片不可缺少的三要素。除此之外，还应简要了解有关名片的其他一些常识。

图4-50 海南省包装技术协会设计委员会名片

图4-51 海南绿叶子食品有限公司名片

1. 名片的规格

即名片的大小尺寸，常见约为 9 cm × 5.5 cm。可以横向，也可以纵向。有的为了突出个性，还会采用一些其他规格的名片，这样虽然可以给人与众不同的印象，但接收者可能无法将这种特殊规格的名片与其他名片集中存放，反而容易丢失（如图 4-52 ~ 图 4-54）。

2. 名片的色彩

一般采用白色或其他浅色的底色，黑色和其他深色的文字。如果使用彩色，或者两种以上的颜色，则一定要注意搭配（对比和协调），否则会显得杂乱和不庄重。

3. 名片的文字

除了手书名片外，名片的文字一般采用印刷体，也有将持有者签名印制在上面的。如果交往对象全部是华人，可以只使用中文；如果有涉外的活动，通常还同时使用中文、英文。使用英文一定要准确。

4. 名片的布局

又称版式。横向的名片，从上到下一般依次是：企业名称（标识）、持有者姓名、身份（职务）、联系方式。如果是纵向名片，上述则从右到左排列。使用中、外文两种文字的，一般将中、外文分别安排在名片的正反面。一般来说，名片布局要美观大方，要适当留白。

（二）组织名片的设计原则

根据上述名片的三要素和其他常识，组织名片设计提出了最基本的原则。此外还应该注意：

1. 统一版式

从董事长、总裁到企业所有员工，原则上应使用同样布局和风格的名片，以形成统一的企业形象。

2. 突出组织标识和标准字

尽量采用标准色。标识和标准字印在名片的醒目位置。

3. 可以有附加内容

可在名片上印制公司的目标、价值观、宗旨等组织文化内容，也可以有组织业务范围等内容。这些内容一般在背面（或者折叠名片的内侧），切忌把名片完

图 4-52　云南会泽佳心食品有限公司名片

图 4-53　海南奔牛投资有限公司名片

图 4-54　海口市人民医院名片

全变成公司业务广告。

二、组织信笺、信封设计

注意形象的组织，通常都设计印制组织专用的信笺（传真用纸）和信封，以便在对外信函（传真）等业务联系时使用。

（一）组织信笺设计

组织信笺一般用 A4 或者 16 开规格的纸张印制，通常信笺上注有公司标识、标准字以及联系方式，并与其他组织文化物质层用品的设计风格一致。由于公函一般是打印件，所以制作信笺的纸张通常采用类似 70 克或者 80 克的复印纸（胶版纸）。如果使用太薄的纸张，虽然制作价格会低一些，但打印不方便，反而会造成更多的浪费。

（二）组织信封设计

组织的信封除参考国家对信封印制的一般要求外，其他内容与设计风格均与信笺相似。开展涉外业务的企业，还应同时印制英文信封，其设计风格应接近中文信封，但企业名称和地址则必须放在信封的左上角。

三、组织画册设计

组织画册是专门介绍组织情况的画册。组织画册一般以图文并茂的形式展示组织情况，是组织文化的基本载体之一，在组织对外交往和公共关系活动中具有十分重要的作用，因此又经常被称为组织宣传册。

（一）组织画册的设计内容

组织画册一般由以下内容构成：主要负责人致辞、组织简况以及历史沿革、组织文化（观念层）表述、组织发展战略、组织的管理框架、组织的业务领域、组织的主要产品和服务项目等。在设计画册内容时应根据组织实际进行增减，尽量突出本组织最希望翻阅者了解的部分，不必面面俱到。能够用照片和图表表达的内容，最好不要使用文字；必须用文字表达的，也尽量精简。无论文字还是图表，均应力求准确。

（二）组织画册的美术设计

美术设计就是对画册从封面、内页到封底进行版面的具体设计，并提出印刷方案和确定纸张。内页宜采用相同的版式，并与封面、封底等风格一致，互相呼应。整个版式设计应与所反映的内容一致，且庄重大方、简洁明快，并尽量体现企业的文化品位。优秀的美术设计，往往是美术设计人员与内容设计人员反复沟通的结果（如图 4-55）。

四、组织纪念品的设计

组织纪念品是具有一定使用价值和纪念意义的组织公共关系用品。设计与组织文化物质层的其他内容相一致的纪念品，充分发挥组织文化的辐射作用，有助于对外传达组织理念，塑造统一的组织形象。纪念品的设计应力求美观大方，将纪念性与实用性相结合。

（一）礼品笔设计

很多组织选择中高档的钢笔、签字笔、圆珠笔等作为纪念品，既实用又具有文化品位。设计礼品笔，通常是到厂家选

图 4-55　海南劲艺设计工程机构、海口市妇幼保健院、海口景业广场画册封面

择一种或若干品牌的钢笔（签字笔、圆珠笔），在上面单独印制组织的标识和名称（如图 4-56）。

（二）钥匙牌（扣）、茶杯设计

钥匙牌、钥匙扣、茶杯也是常见的组织纪念品。设计这类用品较为简单，关键是处理好组织标识及标准字在上面的比例。

（三）礼品表设计

礼品表也是我国组织使用较多的纪念品，以腕表居多，一般是表盘加上组织标识或者标准字。礼品表通常要设计男女两种款式，以方便佩戴者。此外，与礼品笔一样，最好同时设计与礼品表配套的礼品

盒或礼品袋（如图 4-57）。

（四）礼品袋设计

礼品袋是放置纪念品的专用袋子，也可以用来装文件和产品。因其制作成本较低，在传播组织文化、扩大组织影响方面用途广泛，所以也被很多组织纳入纪念品设计之中。礼品袋一般用纸（如牛皮纸、塑光纸、薄板纸）、塑料薄膜制作，上面往往印刷组织的标识、名称以及组织理念和产品介绍等（如图 4-58）。

五、组织日常用品的设计

组织日常用品主要有工作证（卡）、记事本、标签等。设计和制作与组织文化

图 4-56　海口市人民医院纪念笔　　图 4-57　海南经贸职业技术学院礼品袋　　图 4-58　海口景业广场礼品袋

物质层基本要素相同风格的上述办公和工作用品，有利于促进员工在日常工作中不断增强对组织的认同感。

（一）工作证设计

工作时间佩戴工作证，已逐步成为组织加强员工管理，促进员工沟通交流的一种措施。工作证一般规格与名片相似，尺寸都是 9 cm×5.5 cm，所不同的是要标注部门、工号、姓名、照片和编号。一些规模较大的组织，或者工作有保密性要求的组织，还需要设计制作出入证。设计方法、要求与工作证类似。

（二）记事本设计

设计和制作专用的记事本以及笔记本，是组织文化物质层设计中比较常见的一个项目。除了与其他工作日常用品的设计要求一样之外，还可以在记事本封面或者扉页处印上组织理念、员工行为守则等组织文化精神层、制度层的内容，以时刻提示员工（如图4-59、图4-60）。

（三）请柬、贺卡设计

重视公共关系的组织，往往有专用的请柬、贺卡。在设计这类用品时，除了要突出企业的标识要求外，还应力求精巧雅致。同时，贺卡每年应该使用不同的图案，但应尽量保持设计风格的一致性（如图4-61、图4-62）。

（四）其他常用物品设计

有些组织根据工作需要，还会定做专用的安全帽（如建筑企业）、包装纸（如零售企业）、工具箱等用品。此外，交通、运输、邮电等行业，需要用交通工具代表组织形象。对上述这些用品和工具进行适当的设计，突出企业标识，也是十分必要的。

图4-59　CIS文件夹

图4-61　海口市龙华区贺年卡

图4-60　海口市妇幼保健院、考拉部落记事本

内页　　　　　　　　封套

图4-62　海南（永发）冬季优质农资展销会邀请函

（以上作品均由海南劲艺设计工程机构提供）

第六节 ：组织的产品与包装设计

现代社会，产品已成为人们传达社会、文化、经济等信息的重要载体，也是组织理念、经营方针的具体体现。很多消费者是通过产品了解生产厂家的。CIS指导下的设计，除了对产品外观进行设计之外，还指标志与标准字在产品上的具体应用，以充分引起消费者的注意。

一、组织产品包装设计的用途及作用

包装不仅仅是商品的面孔，同时还是商品感性诉求的市场营销工具，是组织形象的延伸和与消费者沟通的战略手段，它随着商品的内容和流通形态的不同而变化。

在应用项目中，产品的商标和产品本身的设计对组织形象的影响极其深远。随着产品和市场关系的变化，市场导向在客观上要求产品的设计不仅具有功能的实用、设计的美观，更应具有产品设计的个性化——企业理念追求主体式的产品个性化。在CIS设计中，产品设计不仅应开发出产品的机能和性能，更应将产品信息化，赋予产品很大程度上的信息价值，使产品设计系统成为组织形象战略的重要组成部分。

产品包装包括外包装箱（大、中、小）、包装盒（大、中、小）、包装纸（单色、双色、特别色）、包装袋（纸、塑料、布、皮等材料）、专用包装（指特定的礼品用、活动事件用、宣传用的包装）、容器包装（如瓶、罐、塑料、金属、树脂等材质）、手提袋（大、中、小）、封口胶带（宽、窄）、包装贴纸（大、中、小）、包装封缄（大、中、小）、包装用绳、产品外观、产品商标、产品吊牌、产品铭牌等（如图4-63）。

二、产品包装的设计内容及设计要求

（一）产品包装的设计内容

包装形式：单件设计、成套设计、系列设计、组合设计、组装设计等。

构成要素：企业署名（标志、标准字

图4-63 产品外包装

体、标准色、吉祥物、象征图形等）、图形（摄影、插图等）、文字（使用说明、质量保证等）、材质（纸、塑料、金属、布、皮等）、结构、制作工艺等。

（二）产品包装的设计要求

第一，以企业标志形象统一设计系统。以企业标志作为设计的主要元素，或将标志置于不同包装的同一位置形成统一的构图。

第二，以标志变体或企业造型、象征图形来统一设计系统。

第三，将品牌名称标准字体置于包装视觉中心，统一系列设计形象。

第四，将包装信息等通过企业标准色来统一传达。

第五，以系列化的图形为元素设计包装，强化包装的视觉冲击力和陈列效果。

第六，以鲜明的、个性化的构图来统一各类包装设计。

三、组织产品包装的再设计

（一）影响产品包装再设计的因素

1. 基本原因

随着消费者对某一个品牌的忠实度逐渐消退，与此有关的是零售商店自有品牌的出现，它们的价格优势明显。由于价格差距，对于品牌来说，保证包装能够有助于调整价格是十分重要的。现在零售商店自有品牌在包装方面做得很好，这促使品牌进行改革创新，不断提高自身的水准。对需要再设计的原因进行分析，这是非常关键的一点。比如，旧包装存在何种问题、旧包装缺乏市场竞争力、包装需要为

产品设定一个新的卖点等。

2. 其他因素

除了基本的原因以外，还有更多复杂的影响因素会促使公司采用动态的原则来重新考虑产品包装。比如包装在货架上的效果、线性的逻辑关系或系统的结构、信息样式及其构成等。这些因素对于企业在设计方面的决策也会产生很大的影响。这些因素包括：

（1）改变零售渠道。大型超级市场的突起改变了一切，设计师们必须考虑产品包装是否可以和其他产品形成差异化优势，让产品在众多同类产品中脱颖而出，也就是说，产品本身的包装要具备自我推销的功能。

（2）适应全球化。当企业发展到一定阶段，不可能固化自己的销售领域和市场，而是希望能够打开更为广阔的天地。这就意味着，企业在推出新产品时，必须充分考虑产品在世界各国的适应性。

（3）自有品牌的变革。由于消费者不仅在意价格，同时也注重质量，这种消费观念的转变使得品牌的制造商必须不断努力保住自有产品的优越性，因为其他产品往往会对他们的品牌进行抄袭，所以它的包装必须是独特而具有吸引力的。

（二）包装再设计的成功要诀

1. 为将来做计划

许多时候，接手再设计任务的包装设计师必须为还没有开发到位的产品，甚至是尚未概念化的产品进行规划设计。通常，公司总是希望一个现有品牌向拥有不同口味、不同功效、不同性能等方向

图 4-64　Pearls olives 旧包装

图 4-65　Pearls olives 新包装

扩展；或者计划通过增加不同类型的产品来扩大品牌种类。而产品包装再设计可以实现此目标。譬如珍珠橄榄（Pearls olives）品牌发现了自己产品中所具有的有趣的、奇特的怀旧氛围（如图 4-64、图 4-65）；Café de Lya 回归其"大地之母"的本原。

2. 摒弃无效设计

成功的产品，其包装必须能够配合和促进广告宣传，并在海外市场上畅销，这是产品永恒的追求。可以参考的思路有以下三点：一是打破陈规，如对色彩、字体、标志和插图进行一系列更新，如果现有包装是无效设计，那么应该尝试接受幅度更大的再设计；二是转换思维，无效的

设计需要一种截然不同的再设计方式，努力使过去的产品摆脱不良的影响，挽回局面，重塑良好形象；三是直奔主题，摒弃引起消费者不良联想的设计。

3. 更新过时的设计

更新设计，指的是设计师在保留产品原特色的基础上，把握好更新设计的尺度，避免过度的再设计造成消费者流失的局面。企业需要开展消费者市场调查，充分理解消费者对产品的情感诉求，即哪些元素需要放弃、哪些元素需要保留，企业一般会平衡品牌的新鲜感和熟悉度。同时，设计师要充分理解目标消费者已经发生了变化，零售消费环境也已经发生了变化，产品要能够预测并适应这些变化。

第七节 ┆ 组织广告媒体的设计

组织对外宣传，通常会综合选择多种媒体，在短期内以最快的速度，在最广泛的范围将组织信息传达出去。CIS 指导下的广告设计使宣传的主题、形象和表现语言达到高度的统一，极大地提高了广告效率。广告媒体的形式多种多样，不同的媒体以不同的艺术语言宣传商品或组织机构。

一、交通工具媒体设计

交通工具是组织活动的广告媒体，通常免费，或者具有投资少、效益高的优势，许多组织越来越注重利用交通工具增加广告面积与广告频率。作为一种流动、公开的组织形象传播方式，通过重复提高人们的记忆度，打造完美的组织形象。交通工具媒体的设计要特别注重考虑快速流动的特点，使用标准色统一交通工具的外形设计，尽量使标志鲜明突出，文字、图案不宜过小，以引起行人注意。另外，交通工具外观的设计要注意文字排列的基本要求，不论左侧还是右侧，都要按从左到右的顺序，不要逆向，以免误认。标志和文字通常可印制在前车门、车尾、车两侧和车顶，车顶的标志和文字可供路两旁高层建筑或立交桥上的人群观看。组织机构交通工具主要包括客车、轿车、面包车、工具车、卡车、轮船、飞机、挖掘机、推土机等（如图 4-66）。

二、报刊纸质媒体设计

（一）组织报刊设计

组织报刊又称院报、厂报、院刊等，是由组织自行创办的、供员工阅读的内部报纸或刊物。组织报刊一般不是公开出版物，发行范围主要限于本组织内部，少部分分发传于公共关系者用作他途。组织报刊既是组织文化内部传播的主要载体，又兼具向外界辐射的功能。

组织报刊按照不同的分类方式可以分

图 4-66 交通工具媒体设计

为不同类型。按内容可分为综合型报刊与专门性报刊，按出版时间可分为定期报刊与不定期报刊，按批准创办的机关分为内部正式报刊和非正式报刊。不同形式的组织报刊具有不同的编辑特点，选择哪种类型作为组织报刊，取决于组织对自身建设情况的了解程度（如图4-67）。

图4-67　海南劲艺设计工程机构CI特刊版式

内容决定形式，优质的内容决定了组织报刊的质量与生命周期，因此组织报刊的内容应坚持三个原则：一是要符合党和国家的各项路线、方针、政策，遵守国家和地方的法律法规，确保办报方向正确；二是贯穿组织核心理念，助力组织开展经营管理工作；三是坚持群众办报的原则，照顾阅读群体的需要，鼓励引导员工提供稿源、阅读刊物。

（二）组织员工手册设计

员工手册是由组织印制的、反映组织文化、员工人手一份的日常工作资料。一般来说，员工手册的内容主要分为三大板块：一是介绍组织概况，包括介绍组织的发展历史、市场现状、组织架构等内容；二是介绍组织文化，主要阐述组织理念和组织特色；三是阐述员工行为规范，即组织对员工的日常工作管理活动的规范和约束，包括工作安全、考勤制度、工作流程等内容。

员工手册的设计要注意以下三点：一是要反映组织文化，员工手册的内容设计必须把自身定义为一本字典，方便员工查阅，无论哪种文化程度的员工都可以了解并认同组织文化，最终以集体精神指导个人行动；二是内容充实详细，员工手册是员工的工作生活指南，因此员工手册必须满足广大员工的知情权，将组织的相关规定、涉及员工切身利益的条款事项一一列举，删去不必要的内容，做到言简意赅、言之有物；三是要及时更新内容，组织有不同的发展阶段，员工手册也要进行及时调整。随着组织的发展，组织希望员工了解的内容也会有所不同，及时新增内容、调整内容、修改内容，才能让员工手册适应时代发展的变化。

三、广播电视媒体设计

（一）广播电视的技术特点

组织广播按照信号传输方式可以分为有线广播和无线广播。有线广播技术要求低、投入少、见效快。按照节目制作方式来划分，组织广播可分为录播与直播两大形式。录播指的是播音人员提前将节目录制完毕、经过剪辑处理后再进行播出的录音节目；直播则是不经录音、直接现场收音播音，直播对播放设备有所要求，同时也要求播音人员应具有较高的职业素养。组织电视节目一般是以闭路有线电视节目为主。开办电视节目，从技术设备、编播制作人团队、编制经费等方面都远超其他媒体类型，需要大量的人力和经费投入。

（二）广播电视的内容设计

组织广播电视节目主要分为两大类型，一类是娱乐节目，例如广播站在员工休息时间播放的音乐，闭路电视播放的影视剧录像等；另一类是新闻板块，主要是报道组织内外的新闻、组织关键人物介绍、关注事件追踪等。从组织文化的角度来看，新闻板块是组织文化传播的直接途径，娱乐节目则是组织文化传播的间接途径。无论什么节目内容，企业在开办有线广播和闭路电视的时候，都必须坚持以高尚的精神鼓舞人、以科学的理论武装人、以正确的舆论引导人、以优秀的典型鼓舞人。

四、网络媒体设计

建立网站是组织文化传播的主要途径，可以仅供内部使用，也可以面向外界传播信息。随着技术的更迭与发展，组织网站不但可以实现传统媒体的文化传播功能，还能克服传统媒体存在的缺陷，这意味着组织文化的传播方式相比从前已经发生了质的改变。

（一）组织网站的设计方案

组织网站的设计通常分为内容设计和技术设计，技术设计通常由组织委托专门的网络工程师设计完成，内容设计则由组织内部参与完成，主要需要设计四个方面的内容。一是确定网站功能，明确网站的阅读受众，是仅供内部人员使用的内部交流网站，还是展示组织外在形象的对外开放网站，这些在网站建立之前必须明确；二是搭建网站的内容架构，确定网站需要展示的内容框架，定位其中的逻辑联系，以便网络工程师可以更好地开展设计工作；三是落实网站的具体内容，即由组织各部门草拟初稿，交由组织领导者或相关部门统一审稿，确保内容能够良好地展示组织形象；四是提出网站的服务功能，对网站需要实现的一些功能加以明确，与网络工程师进行及时沟通，确保信息理解对称。

（二）网站设计的注意事项

组织网站的设计，有三点需要特别注意。一是注意网络安全问题，在设计制作面向外界的组织网站时，必须向网络工程师强调安全性问题，设置必要的保护程序，并且为了预防病毒和黑客破坏可能造成的组织损失，对重要的信息数据进行及时备份，涉及商业机密的内容不要与网站相连，定期排查清理可能存在的安全隐患；二是定期开展网络维护，及时对网站的信息内容进行更新，确保网站能够跟上时代热点的趋势，设置专门的部门或负责人进行网络维护；三是长期做好网站运营，观察比较同类网站如何开展运营维护，学习他人长处，让网站成为宣传推广组织形象的重要载体。

五、展示媒体设计

俗话说"百闻不如一见"，实际的展示比口头说明往往更能打动顾客的心。商品或服务产品的展示不仅是商品与服务，更体现了组织的审美情趣与水平。陈列设计是空间与平面的结合，在设计中要突出整体感、顺序感和新颖感，按照设计意图引导观众，加深他们对组织精神和产品特性的认识，激发兴趣并产生购买欲望。展示媒体设计主要包括展示会场设计、橱窗设计、展板造型、商品展示架、展示台、展示参观指示、舞台设计、照明规划、色彩规划、商标、商标名称表示风格等（如图4-68）。

（一）主要设计方向

展示、陈列的设计主题，无论是通过不同类型去传达企业信息，还是为了向公众显现企业的经营理念、产品特点，都应充分发挥设计要素的视觉传达功能，形成统一鲜明的形象识别风格。一般采用以下设计方向：第一，突出组织标志风格，以相对独立的表现手法将标志形态或视觉要素组合，展现在展示空间的主要位置，从而获得统一的展示效果；第二，通过组织标志的变体或象征图形、吉祥物、组织标准色系统来形成统一的识别形象；第三，以产品的造型特征或包装的视觉特色为基本要素，采用多样的组合形态和空间结构方式来统一识别形象。

（二）主要设计风格

展示风格设计，包括媒体标志、产品外形、专卖店、展览会、组织展示厅等设计，风格通常与企业的 VIS 设计保持统一，设计基本原则主要包括以下四点：一是有效组合视觉元素，组织在对外媒体中应最大限度地使用企业的重要视觉要素，如标志组织名称与标准字体、标准色的组合运用等，注重各要素之间的组织方式、尺寸比例、空间位置关系、版式、格式结构等搭配；二是凸显文化主题，重视专卖店展览陈列效果，让顾客切身感受品牌文化与风格；三是注重色彩运用，使卖场形成主题鲜明、井然有序的视觉效果；四是把握比例重复效应，突出连续的色块效果，营造视觉趣味与美感。

图 4-68　展示媒体设计

第八节 ： 组织视觉识别系统（VIS）手册的编制

编制视觉识别手册的根本任务，就是对组织识别标志和视觉识别系统进行具体和准确的规范。这些具体和系列的规范既是视觉传播规范，又是视觉表达规范，还是视觉管理规范，三位一体。同时，必然因为借助语义信息传播和心理信息传播而引入理念识别系统和行为识别系统的各种有关规范。

一、专用名称规范

专用名称规范，需要确定组织识别标志、专用品牌的标准名称和名称变体，以及标准名称和名称变体的全称样式、简称样式、母语样式、英语样式，以及这些专用名称样式的组合构成。规范专用名称必须抓住、抓紧、抓好三大主要方面。其一，把标准名称与名称变体明确地、严格地区别开来；其二，把标准名称与所有名称变体在专用品牌基础上联系起来乃至统一起来；其三，准确地说明标准名称与名称变体各自应用的具体条件和操作要点。

美国可口可乐公司明确地规范英语简称 Coca-Cola 为唯一标准名称，其他各类名称如可口可乐简称 Coke、公司机构名称、其他专用品牌名称雪碧等统统规范为名称变体。各种名称变体统一冠以可口可乐标准名称。例如雪碧品牌的柠檬汽

水，同样必须加注"可口可乐公司荣誉产品"。企业识别标志统一使用可乐型的饮料产品识别商标，并且加注。但是，只有公司总部独家使用企业识别标志，其他全资分公司、合资分公司不能使用企业识别标志，只能使用加注的产品识别商标可口可乐公司规范专用名称，充分体现了合分为统一、变无序为有序的企业识别同一形象。不仅表现了公司总部所属各大系列、企业、机构联系密切、目标同一，而且表现了公司总部统一管理、集约经营的企业生产经营独特发展战略。

二、字体图形规范

规范字体图形，在于确定组织专用名称、专用数字、专用标点符号等标准字体图形和字体图形变体，其中包括书写字体和印刷字体。方块字一般采用宋体字或黑体字，宋体字典雅、委婉、含蓄，颇有传统文化的气质和风骨，黑体字规整、刚健、利落，颇有现代精神的情趣和意味。拉丁字一般采用大写体或小写体，大写体庄严、凝重、强劲，显得实力雄厚、信誉可靠，小写体轻快、活泼、飘逸，显得应变灵活、亲切温柔。台湾 Acer 公司的专用名牌中文名称字体图形，既立足于黑体字，又引入宋体字；英语名称字体图

形，既立足于大写体，又引入小写体，给人的感觉是根基坚实、具人情味（如图4-69）。

图 4-69　台湾 Acer 公司标志

规范字体图形的另一个重要问题，就是确定标准字体图形和字体图形变体的造型规范。这涉及线体形态、线面构图、点线面体运动方向等三大主要环节。字体图形的造型形象同组织及其产品的识别形象，有着极为紧密的内在联系。规范字体图形造型的关键，在于字体图形空间格局的合理性和体量比例的协调性，不仅直接影响了字体图形造型的形象性及其识别性，而且直接影响了人们接受信息传播、辨识品牌形象的生理、心理、思维、审美结构和需要。

三、形象图形规范

规范形象图形，在于确定组织专用标准形象图形和形象图形变体。辅助性的形象图形、吉祥物，均属于形象图形变体。同时，需要注重形象图形空间格局的合理性和体量比例的协调性，调整形象图形在具体应用中的空间格局和体量比例，防止形象图形的走样、变形。

规范形象图形的另一个重要问题，即注重形象图形与字体图形之间的内在联系，两者既相互对比和变化，又协调和统一。比较流行的做法，是只采用字体图形，不再设计形象图形，或是以字体图形为主，同时又从字体图形化出形象图形。

美国吉列公司的专用品牌标准名称为英语简称 Gillette。标准字体图形既是规整的大写体，又加以小写化。原品牌标志，采用标准形象图形从标准名称首字母 G 演变，采取整体圆形造型，中部右侧添加了3 条横线。原品牌标志，采用标准字体图形和标准形象图形以意向性形象为中介有机联系、内在统一，既以直观的形象力冲击市场和公众，又以理性的意向力引导市场和公众，从而强化和深化企业及其产品的识别同一形象和市场营销形象。公司对于标准形象图形规范和形象图形变体规范考虑得极为周密，规范得天衣无缝，几乎杜绝了所有可能导致的走样和变化（如图4-70）。

图 4-70　美国吉列公司标准字

四、专用色彩规范

规范专用色彩，在于确定组织专用标准色彩和色彩变体。辅助色彩、特种色彩、背景色彩，以及标准色彩与这些色彩的组合，都属于色彩变体。规范专用色彩，要注意三点原则。一是要从根本上区别于其他组织和产品特别是同类组织和产品的专用色彩及其色彩组合；二要适合组织及其产品的基本性质和识别形象，充分发挥色彩领先并且带动图形、文字信息传播的同步辐散作用和整合协同效应；三要选用合适恰当的材料、技术、工艺，既严格控制投入成本，又防止传播过程中受到外在环境和条件的影响而导致走样和变形。

瑞士伏尔克斯银行规范标准色彩为银色。尽管银色非常适合于金融企业，但是印刷技术的难点多，印刷材料的成本高，产出效益相对低。所以，该银行再度设计了八种方案，从中优选出两种，最终审定了翠绿色和墨绿色双色组合为标准色彩。一则，色彩清新、清纯、清秀，易于公众接受，易于媒介传播。二则，意向明朗和深厚，既体现了安全感、信赖感，又展示了成长性、拓展性。三则，彩度相似，明度不同，不仅富于对比和变化，而且制作成本不高，既操作方便，又不易变形混乱。

色彩及其组合凝聚和积淀了民族传统的世风习俗、文化精神，凝聚和积淀了当代社会的群体心态、时代风尚，凝聚和积淀了不同民族的不同追求、不同宗教的不同倾向。这是规范专用标准色彩和色彩变体时，务必高度重视和妥善处理的重要问题。

五、专用组合规范

规范专用组合，在于确定组织专用标准组合和组合变体。标准组合是唯一的，即专用品牌的标准名称、标准字体图形、标准形象图形、标准色彩的标准组合。除此之外，组合要素发生变化，增添新的附加部分，改变组合要素的编排形式等，种种专用组合规范就是非标准组合规

范的专用组合变体规范。

日本住友银行不仅规范了企业识别标志的专用标准组合，而且规范了专用组合变体系列。专用组合变体规范主要有五大系列。一是企业识别标志竖式和竖横结合式的专用组合变体规范；二是单用日语标准字体图形或英语标准字体图形，同时应用标准形象图形和形象图形变体的专用组合变体规范；三是单用标准字体图形，不用形象图形的专用组合变体规范；四是应用各种变体的专用组合变体规范；五是所属部门、机构、分行、营业所企业识别标志变体的专用组合变体规范（如图4-71）。

规范专用组合的关键，就是确定专用字体图形与形象图形之间的相互距离、体量比例、编排样式、色彩配置等。日本健伍公司（如图4-72）明确规定了企业识别标志的专用标准组合规范，即以标准字体图形为主，从 W 字母对角线延伸出倒悬实心三角形造型的标准形象图形。字体图形饰以标准黑色，形象图形饰以标准红色。对于字体图形的高度、形象图形的高度和展开角度，也都一一做出规定，并明确企业识别标志的各种专用组合变体。

六、VIS 手册的功能和编制方式

编制 VIS 手册是巩固组织视觉识别系统开发成果的必要手段。VIS 手册不仅有效展示了组织未来的识别形象，而且体现了实际作业时的设计水准。因此，最大可能地让组织的视觉设计标准化，表现出统一的组织形象，是组织视觉识别系统开发

图 4-71 日本住友银行标志

与设计的基本目标之一。

（一）VIS 手册的三大功能

VIS 手册主要具有三个功能。一是有形展示组织视觉识别系统设计的成果，通过 VIS 手册将组织视觉识别系统设计的成果加以保存，以便随时应用；二是未来组织操作的工作手册，VIS 手册不仅是组织当前的形象识别系统，而且是组织的远景计划；三是规范组织管理者与组织员工的行为，使人人都能形成共识性认识。

（二）VIS 手册的编制形式

VIS 手册的编制形式一般有三种方法。一是综合编制，即将基本设计系统和应用设计项目相结合，活页式装订，以便日后新增或修改，目前国内外不少组织采用这种方法；二是基本设计系统和应用设计项目分开编制，采用活页和目录形式，各自装订成册，便于查阅；三是应用项目分册编制，即按不同种类、不同内容的应用项目，结合组织不同机构或媒体的不同类别分别编制，这种方法适合经营项目较多的大公司使用。如果是跨国经营的大型集团公司，需要另外制作海外分公司的专用 VIS 手册，以便与当地文化相融合。

七、VIS 手册的评价

（一）VIS 手册评价概述

当组织的 VIS 手册制成之后，为了了

日本健伍公司视觉识别系统

KENWOOD

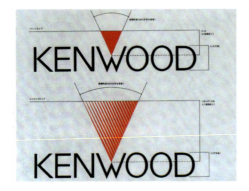

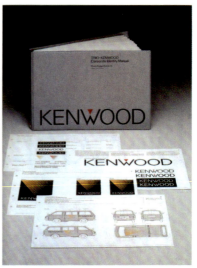

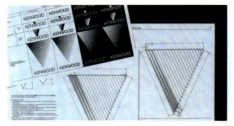

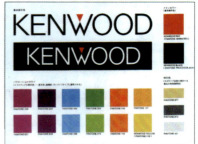

图 4-72　日本健伍公司专用组合规范

解是否达到组织的预期目的，就必须对 VIS 手册的推广效果进行测定。VIS 手册的评价测试主要分为内部测试和外部测试两种，测定方法主要有定量和定性方式，测量手段有访谈法、问卷调查法等，并借助先进的统计软件进行统计分析。分析结果出来之后，肯定成绩，总结经验，发现问题，继续改进，以期取得更好的成绩。成功的 VIS 手册可以有效提升组织形象，有利于组织的经营与发展；而失败的 VIS 手册会为组织形象带来不良影响，引起公众的负面联想，从而妨碍组织的经营与发展。

（二）VIS 手册存在的主要问题

1. 可操作性差

VIS 手册应使组织各项设计和活动有章可循，走上标准化、规范化、制度化之路，体现组织的统一形象。但是我国的一些 VIS 手册设计往往从纯美学、纯艺术的角度进行制作，不懂得组织标识的使用和适用原则，公众只能从艺术欣赏的角度获得艺术感，无法领悟到组织精神的个性内涵。VIS 手册设计的符号必须准确而精练地表达组织的经营理念、管理哲学等思想内容。VIS 手册不是为组织点缀、装饰的花瓶，而是一种实实在在的战术，必须具有可操作性。

2. 视觉定位模糊不清

视觉定位模糊不清是指组织的 VIS 手册所彰显的内涵与组织经营范围和理念乃至组织文化的精髓相去甚远，甚至背道而驰。一些组织为了节省视觉识别系统的开发设计成本，复制别的组织的 VIS 手册。VIS 手册的视觉定位把握不好，对组织来说会造成极大的浪费，对社会来说也是一种文化的污染。

3. 缺乏长久的生命力

VIS 手册是组织的无形资产，因此，为了组织长远的发展未来，打造"一以贯之"的组织形象，需要展现统一、明确、个性化的组织形象。比如，海南新能源的

图 4-73　海南新能源的标志

标志是一个手书体的人，手臂托起一轮写意的太阳（如图 4-73）。然而在宣传报道中，新能源的管理者突发奇想，将手书体的人和太阳修改为印刷体，使现行标志失去了原有的视觉效果，导致公众不再认可，这一视觉识别要素也逐渐消失了。

（三）VIS 手册的目标导向

VIS 手册的编制需要达成五个基本目标。一是能够明显区分组织与其他组织，确定市场定位，保留组织明显的行业特征，确保组织在经济活动当中的不可替代性；二是能以特有的视觉符号系统吸引公众的注意力，使消费者对组织所提供的产品或服务形成品牌忠诚度；三是能准确传达组织的经营理念和组织文化，使公众了解组织的未来发展方向；四是能提高员工对组织的认同感，并成为员工实际工作、操作应用时必须遵守的准则；五是具有一定的经济价值，成为组织无形资产的重要组成部分。

VIS 手册的设计、推广、评价是一个长期的、动态的过程，随着组织的成长与发展，VIS 手册必须不断调整、完善和成熟。组织的 VIS 手册是将组织理念、组织价值观，通过静态的、具象的、视觉化的有形版本，有组织、有计划地快速传达，使组织的精神、思想、经营方针等关键内容通过视觉表达的方式得以显现，使社会公众能迅速掌握组织信息，继而产生认同感，达到识别组织的目的。

思考与练习

1. 组织标准字应当具有的主要特性是什么？标准字的设计应注意哪些重点环节？

2. 组织标准色设定的着眼点有哪些方面？

3. 组织吉祥物可以从几个方面着手进行设计？

4. 组织辅助象征图形的设计可从哪几个方面开发？

5. 组织日常用品对组织文化建设有什么作用？

6. 哪些物品适合作为组织纪念品？请列举几种物品并说明理由。

7. 组织的文化体育活动与组织文化是什么关系？

8. 组织文化传播网络的主要形式有哪几种？试比较它们各自的优缺点。

9. 编制 VIS 手册一般有哪几种形式？怎样做才能编制出一本优秀的 VIS 手册？

第五章

CIS 的应用与管理

CIS 从管理角度看是文化管理战略，从营销角度看是视觉营销战略，从经营角度看是企业形象经营战略。不管从哪个角度看，CIS 的应用与管理是组织追求内在美和外在美的和谐统一过程，也是一个不断运动发展的系统工程。

CIS 的应用开发和实施管理主要是组织适时规划设计出在新时代下贴合自己的新的经营理念、新的行为规范和新的视觉识别的整体传达系统，通过各种媒体开展广泛的宣传，并要求组织根据各个时期的不同情况加以修正，从而提升组织形象，使组织长久保持和发展 CIS 的强大作用。

第一节 : CIS 战略的产生

一、CIS 应用的历史渊源

（一）古代，军队已系统导入 CI

古代导入和使用形象识别的组织是军队。一方面军队强大的战斗力来源于军队的凝聚力和向心力，"上下同欲者胜"（《孙子·军事篇》）；另一方面也要求军队有着统一严格的法令条律。成书于战国初期的我国著名兵书《尉缭子》就指出："凡兵，制必先定。制先定则士不乱，士不乱则刑乃明。金鼓所向，则百人斗。陷行乱阵，则千人尽斗。覆军杀敌，则万人齐刃。天下难能当其战矣。"意思是说：凡是军队，制度必须得先定好，这样士兵才不至于散乱；士兵不散乱，刑罚就分明。在这里，作者强调军队制度对战争胜负的决定作用，指出只有"号令明，法制审"，士兵才能英勇作战。另外，作战需要己方与敌方形成视觉上的对立。因而对于军旗、军服、军号、军歌等易于识别的外在系统一般也做严格的规定，并与敌方区分开来。

（二）"二战"前后，企业已开始研究 CIS 体系

"形象"一词源远流长、应用广泛，其内涵与外延不断丰富和发展。在第二次世界大战前，英国设计协会会长弗兰克·皮克领导了一批杰出的设计家为伦敦地铁进行规划设计。琼斯顿负责字体标准化设计，格罗佩斯负责项目设计，雕塑家摩尔等负责纪念碑设计，鲍登等负责海报设计。这一整套规划设计（Design Policy）就是企业形象的萌芽。第二次世界大战后，世界经济复苏和各国经济纷纷重建，企业如雨后春笋般地出现，产品被大量地开发出来，新种类和新功能的产品如潮水

般涌入市场。企业为了增强自身产品的竞争力，也为了提升自身形象，开始研究企业形象识别（Corporate Identity）体系。

（三）近现代，CIS 成为企业文化战略

CIS 的价值与作用也在政党的建设和国家的建设上凸显出现实意义。毛泽东同志在 1945 年的《论联合政府》中就提出中国共产党的三大作风：理论和实践相结合的作风，和人民群众紧密地联系在一起的作风，以及自我批评的作风。同时指出三大作风是我们共产党人区别于其他任何政党的显著标志，也就是理念行为的识别性。为什么中国共产党能够取得天下，我们不妨从共产党"CIS"来体会。当时解放军缺衣少弹的状况无法与国民党的整齐装备的视觉形象相比，但起核心作用的是理念行为，它是军队的原动力，印证了"得道多助，失道寡助"的真理。中国共产党与中国人民解放军的伟大胜利，源于创造者们赋予它的宗旨：紧紧地和人民站在一起，全心全意地为人民服务。因此，组织文化是解决组织基业能否长青的问题。

二、CIS 战略的发展动机

（一）CIS 战略的实施面临的困难

目前中国的企业处于一种尴尬的境地：市场的商品琳琅满目，似乎都在告诉消费者"我是名牌""我是一流"。但遗憾的是，谁也没有成为真正的获得社会公认的名牌，究其根本原因，就是没有令人信服的企业形象，难以达到公众认知。因此，CIS 战略的实施，在中国还存在着不少困难。

（二）CIS 战略的实施是企业发展的决定环节

实际上，中国企业在 CIS 运作上存在几种困难情况。一是市场竞争规则不完善，制约了 CIS 的健康发展。尽管国家逐步颁布了《反不正当竞争法》《商标法》等法规，但在市场竞争中，不公平、不正当的竞争现象依然普遍存在，这些都阻碍着 CIS 的健康发展。二是系统理论缺乏，专业人员匮乏，这也是制约 CIS 发展的重要因素。我国关于 CIS 的理论和实践都还处于起步和探索阶段，无论企业还是策划公司，对于 CIS 运作还说不上达到成熟的程度，更谈不上形成适合我国国情的 CIS 理论。三是策划公司质量良莠不齐，这类机构不但分布极不平衡，水平参差不齐，而且构成也日趋多样化。但是，多数设计水平不高，基本不具备 CIS 策划能力。四是传统文化、传统道德、传统观念的影响，束缚与制约着 CIS 的实施。千百年来，中国传统文化提倡的统一观念，让人们形成了盲从、服从的惯性心理，这不利于个性的发展。在 CIS 的理念规范（MI）策划方面，企业总是会选择那些俗套、重复的概念作为企业精神的内容表达，如"团结""进取""开拓"等。除上述困难外，我国企业 CIS 意识普遍淡薄。

随着社会主义市场经济体系的逐步确立，在市场经济日趋成熟的今天，我国企业已经大步地走向市场，目前我国企业在动态市场的强大压力下，仍然表现出盲目、不知所措的状态。即使有些企业已经

开始注重经营战略中的 CIS 塑造，但企业在形象塑造从无到有的大跨度中显现了许多问题。大多数表现在企业过于浮躁，急于求成，缺少科学性；只注重外表 VI 方面的作用，没有注重市场实质；企业缺少科学性决策，盲目扩大市场；违反了以消费者为中心的市场规律等。企业如何适应二十一世纪的世界经济大舞台，加强和完善经营战略中的企业形象塑造，是企业能否确立和提高在商海中的地位的决定环节。

国际经济已经发展到企业的成功必须依赖商品力—销售力—形象力这个三元结合体的时代，任何一个企业要在市场上生存、立足、发展，除了必须具备前两项条件外，还必须致力于企业形象的建设，使企业管理有序、职工向心力增强、企业内部文化丰富，具有强烈的社会意识，并能制定出有效的公关、广告宣传策略，使其产品在良好的企业形象带动下，具有优良的品质和个性，从而在市场上成为名牌。

三、CIS 战略的市场机遇

（一）CIS 战略是企业树立良好形象的有效方法

组织要发展壮大，扩大规模，提高社会认可度，CIS 实施是不可错过的绝佳机会。因为 CIS 能统一组织形象，提高员工素质，吸收人才和资金，强化广告公关效果，提升知名度和美誉度，增加品牌价值，促进销售，形成竞争优势。就 CIS 规划设计与导入实施而言，以下几个方面无

论是企划人还是组织经营者，都应予以重视和把握。根据我国的实际情况，最先适合 CIS 导入的企业有以下几种类型：企业集团和大中型企业、主营外贸进出口企业、上市公司、银行金融业、旅游业、大型商业体、餐饮业、有远大发展目标的中小型企业。从国外 CIS 的发展趋势来看，CIS 战略是企业树立形象，解决市场混乱作业的有效方法，对于提高员工工作效率、凝聚能力有着不可忽视的作用。

CIS 的导入时期是否恰当对于企业来说是建立良好的企业形象设计系统的关键环节。众多企业的实践经验证明，在正确时间导入 CIS，企业在市场竞争中会一帆风顺。以下情况是企业导入 CIS 的常见时机。一是成立新企业。新企业在成立之时，导入 CIS 是最佳时机。企业没有任何旧经营模式的束缚，要以崭新的形象展现于众。二是新旧企业交替。在企业即将走到"尽头"时，成功导入新的 CIS，将有效提升发展空间。三是企业推出新产品。企业推出新产品时，必须配合新市场的开发而导入新的 CIS 战略。四是改变经营范围。当企业的经营范围发生变化，这时企业必须导入新的 CIS 以适应变化。

（二）CIS 战略是企业提高发展层次的良好方法

一般来说，企业发展层次依据企业价值观和经营行为的特点，大致可划分为三个层次阶段：一是较低发展层次，二是中间发展层次，三是较高发展层次。任何企业发展都是由较低层次向较高层次逐步发

展的，不可能跨越某一层次。不同的是有些企业由低到高过渡发展得快，而有些企业缓慢罢了。当企业导入 CIS 后，由于企业发展阶段不同，社会环境也在不断发生变化，CIS 的内容也将不断发展和完善。无论是经济发达地区适时导入 CIS 的企业，还是经济落后地区超前导入 CIS 的企业，其初期 CIS 可能没有被企业重视，认为这只是一种推广趋势，随着企业发展层次的提高，企业对 CIS 的真正内涵会有所认识，必然更加重视发挥其效用。

CIS 作为企业发展的一种战略，它对提高企业层次、促进企业经济发展、加强与消费者的沟通交流具有不可忽视的重要作用。从表层讲，CIS 让企业的广告活动、促销活动和公关活动具有了明显统一的识别系统，利于广泛传播；从深层讲，CIS 赋予企业使命感，促进企业对未来信息化社会的适应性，对企业资源进行了全面、系统的开发和利用。超前导入 CIS 的国内新企业和实力较弱的中小企业迅速发展壮大的成长历程，都充分证明 CIS 对推动和提高企业发展层次具有其他方法无可比拟的作用。

第二节　CIS 系统的定位与应变

一、企业视觉形象的设计创新

（一）信誉形象

企业形象的最根本体现是信誉。市场经济是信用经济，企业的信誉好坏直接关系到企业的发展前景，每个企业都必须注重信誉形象的设计和塑造。企业的信誉形象主要体现为三个方面。一是产品信誉，产品的质量是产品信誉的根本保证，是企业的生命。产品本身的质量、包装、技术服务和价格方面的信誉综合构成产品信誉，它是企业赢得市场竞争最基本、最关键的环节。二是合同信誉，企业对合同信守的程度决定了企业的合同信誉形象。企业要在市场竞争中生存发展，必须要有良好的合同信誉。三是广告信誉，广告日益成为企业参与市场竞争的重要手段，企业的广告信誉综合地反映企业实施广告竞争战略的指导思想、行为准则及商业道德和经营思想。

（二）道德形象

企业道德形象包括真实、诚信、正义感和责任感。塑造良好的道德形象可以让大众增加对企业的好感，从而在感情上倾向于接受本企业的产品和服务。任何企业都是处于和政府、银行、社区消费者、协作厂商及与自然生态环境的普遍联系之中，企业需要协调处理好这些关系，积极承担社会责任。企业可以组织一些保护性的社会公益活动，获得社会公众的理解和支持。企业还可以在人、财、物方面大力支持文教、卫生、体育事业和社会福利及慈善事业，取得社会关系上的和谐一致，在兼顾社会效益的同时，获得最佳的经济效益。

（三）竞争形象

市场经济是竞争的经济，竞争的原则是优胜劣汰，企业时刻面临着质量、价格、人才、信息诸多方面的竞争，在竞争中又要进行纵横方向的友好协作。在公开、公平、公正的原则下，公司必须建立良好的竞争形象，摒弃不正当竞争，这样才能在竞争中更好地获得协作发展。不正当竞争主要有以下表现：第一，假冒竞争对手的注册商标，非法获利；第二，伪造产地、厂家，对商品质量做引人误解的虚假表示；第三，采取不当手段窃取商业秘密或违反契约擅自泄露协作者的秘密；第四，采用"巨奖"为诱饵进行倾销等。

企业要在竞争中赢得优势的同时，注重建立良好的竞争形象，对此，可采取以下策略：第一，科学决策，要充分研究竞争对手、消费者心理和市场前景；第二，积极开发引导消费新潮流的产品；第三，努力创造优质名牌；第四，采取恰当的价格策略，使之符合消费者心理价位；第五，抢先注册商标，谋求法律保护；第六，为消费者提供优质的售后服务，做好"二次竞争"；第七，采取合法的灵活多样的促销方式。

二、CIS 系统的定位策略

（一）行业竞争导向下的定位策略

在行业、企业导向下，着重需要考虑企业现实发展需要的有利因素与限制条件，即考虑"是什么""想做什么"和"能做什么"，主要分为三种定位策略方法。一是挖掘型策略，即企业在现有条件中寻找潜在优势，塑造企业良好形象，这一策略需要对企业进行深入细致的调查，提炼和升华企业潜在优势；二是素描型策略，这种策略主要适用于在公众心里有较好评价表现的企业，但尚未形成定式的品牌形象，此时就需要重点勾勒一下企业形象，加深公众对企业的认同感；三是发展型策略，指的是没有明显竞争优势，但是希望能获得好的发展前景的企业，这就需要对企业的发展成长轨迹做出评估以确立形象目标。大部分企业都会选择这种基于现实发展和内在需求的发展型定位策略。

（二）公众需求导向下的定位策略

顾客在购买、使用产品或服务时往往由多种需要所推动，追求多方面的品牌利益，同时还要对这些品牌利益是否重要、是否确实存在进行判断，在这一过程中还会存在复杂的消费心理。

1.利益定位策略

根据目标顾客追求利益的侧重点不同，大致分为理性利益、感性利益两大类。如果企业的目标顾客在购物时更注重理性利益，如追求功效、质量、价格、服务等，那么企业可以据此塑造相应的品牌形象。如沃尔沃汽车以安全、耐用著称于世，乐百氏纯净水以"27层净化"作为产品卖点，给人以水质干净的品牌形象。当许多同类品牌在理性利益较为重复、难以形成差异化优势时，企业就应转变思路，注重感性品牌形象的塑造。奔驰轿车在品质超群、价格昂贵的基础上逐步树立起了能体现成就感和富裕感的轿车形象；麦当劳、肯德基快餐店让人感受到轻快感、现代感和文明感。

2. 用途／场合定位策略

任何一个产品的用途与场合都不是固定的，如果品牌强调它主要用于某一方面且比较独特，也能塑造自身独特的品牌形象，从而激发消费。当人们为了某种用途或某种场合消费某类产品时，会更倾向于选择这些强调用途或场合的品牌，从心理上产生信任感。在夏利车尚未开始淘汰的城市，人们几乎是把它与出租车画上等号的；脑白金在广告宣传中一开始就强调它们是送礼佳品，反而不注重宣传产品功能；宴会酱油的品名，就是在提示这种产品主要用于宴席场合。

3. 使用者定位策略

这种定位策略主要是强调特地为目标使用人群所设计，可以让目标顾客产生一种归属感、协调感、信任感和尊重感。在房产界，为"成功人士"、为"高级专家"、为"白领、金领阶层"专门设计开发的楼盘比比皆是；东风启辰汽车打起了"我的男神开启辰"的宣传口号；在某城

市有一家"司机餐馆"，因其明确的定位策略使餐馆拥有一大批稳定的司机顾客。其实，"司机餐馆"未必能为司机们提供什么独特的菜肴或服务，但却能让司机们获得身份的认同感与归属感。

（三）企业形象定位的方法

1. 个性张扬的定位方法

该方法着重表现企业个性，即寻找企业不同于同类企业的独特之处，将其独特的经营哲学思想加以展现，这有利于在公众的脑海里形成辨识度。如丰田汽车的"车到山前必有路，有路必有丰田车"，也是其产品个性的集中体现。

2. 优势表现的定位方法

公众在购买产品、选择企业时，都是基于对其优势的展现与认知。反之，企业也同样会因为这种定位而获得更高的利润和影响力。不同特色的企业有着自己不同的优势，只有抓住其优势进行定位，才能够抓住消费者的心。如法国轩尼诗公司的XO白兰地，历经38个月的海上航行，到达上海客运码头时，不仅动用了中国传统舞狮和鼓乐开道，还举行了伴有爵士乐的时装模特献技活动，充分表现了"高贵气派"的形象定位，给中国老百姓留下了深刻的印象。

3. 公众引导的定位方法

企业可以通过理性引导、感性引导、理性与感性相结合的引导方式来塑造企业形象。理性引导主要是对消费者采取理性说服的方法，以企业的长处向

顾客进行自我推销，进而获得理性的共识。苹果电脑那个空缺了一块的苹果传达给公众一个讯息，公司并非完美，但他们会不断努力。感性引导主要指企业对公众采取情感性的引导方法，以使消费者和企业能产生情感共鸣。如"百事可乐，新一代的选择"，就是针对新时代的年轻人而设定的口号。理性与感性相结合的引导方法能够做到情理结合，即"晓之以理""动之以情"。麦当劳以其干净、快捷、热情、优质而组成的"开心无价，麦当劳"为其企业形象定位，充分体现了愿让每位顾客都享受到"高兴而来，满意而归"的服务宗旨。

4. 对象分类的定位方法

该方法主要是针对内部形象定位和外部形象定位而言的。内部形象定位主要指企业家、管理人员、科技人员以及全体员工的管理水平、管理风格的定位。如昆仑饭店的"深疼、厚爱、严抓、狠管"，是其管理风格的真实写照。外部形象定位是指企业外部的经营决策、经营方法等方面的风格特点。如今日集团"一切为了国人的健康"，长安汽车的"点燃强国动力，承载富民希望"等，都是属于外部形象定位。企业因其形象定位的不同，采取的方法也是不一样的。但各种方法归纳起来目的只有一个：在公众心目中留下深刻、清晰的企业形象。

三、企业形象经营的应变策略

CIS 战略主要由三个系统组成，即经营理念识别系统、行为识别系统和视觉识别系统。运用 CIS 战略主要是通过巧妙、灵活地组合这三个系统树立企业形象。下面我们分别阐述这三个系统的运用及其应变问题。

（一）理念识别系统的应变

企业的经营理念是企业精神的核心内容，是整个系统运作的动力源泉。完整的 CIS 战略，取决于企业经营理念的确立。因此，对于拟导入 CIS 战略的公司来说，视具体情况树立合适的经营理念，并在理念识别上进行相应的应变就显得尤为重要，主要有以下策略选择。

1. 以民族精神为基调

企业导入 CIS 战略的过程是贯穿企业经营理念、整合企业资源、打造企业文化的过程。这一切都必须以民族文化为基调，在民族文化的大背景下进行设计。例如，人们一看到奔马、草原、牛仔，马上就能想到"万宝路"香烟，其原因就是该品牌已与美国人的粗犷、浪漫、奔放联系在一起，从侧面反映了美国文化。

2. 与企业文化结合

企业的经营理念识别系统说到底是一种价值观，它与企业文化的结合可以突出公司的特色。日本松下电器公司在导入形象战略时就成功地把经营理念识别系统与公司的文化结合了起来，并由公司文化表现出来。公司文化价值体系从经营哲学、基本纲领、经营信条和松下精神等方面比较全面地反映了公司的经营理念识别系统的精髓。

3. 个性化

企业形象战略从本质上说是塑造企业的个性形象，是一种差别化战略。企业正是利用这种形象差别来引导广大消费者。可以说，个性化是企业导入形象战略时必须首先考虑的，而这种个性化主要应体现在理念识别系统上。例如，同是生产电器的公司，卡西欧公司的理念口号是"创新与奉献"；松下的经营理念是"善尽产业人的本分，积极改善国民生活，促进世界文化的发展"。

（二）行为识别系统的应变

行为识别是动态的识别形式，它主要通过规划企业内部的组织、管理、教育以及对社会的一切活动来树立企业形象。我们拟分两种情况介绍企业在树立形象过程中常用的公共关系和广告等的应变策略。

1. 形象危机时的行为识别

许多企业在将新产品推向市场时，或在一时疏漏的情况下，或在被误解乃至遭诬陷时，都有可能导致企业形象出现各种危机。这时就需要充分利用公关或广告等宣传手段进行公司行为识别，重塑公司形象，恢复公众对企业的信心。二十世纪七十年代初，当汤姆斯·古德费勒成为美国长岛铁路公司总经理时，旅客对铁路服务工作十分不满，总经理室每周收到 200 多封投诉信，记者也常在报纸上发表各种抱怨和批评文章，公司的形象出现前所未有的危机，古德费勒决心重建公司形象。针对长岛铁路公司车辆陈旧、正点率低的实际情况，公司增加了 200 节空调车厢，将 400 节旧车厢修饰一新，油漆了沿线 100 多个车站，列车正点率提高到 98.1%。

2. 巩固和提高企业形象的行为识别

"逆水行舟，不进则退"。在激烈的市场竞争中，即使企业没有出现形象危机，也应该时时刻刻有一种危机意识，并通过适当的方式维持和提高企业的良好形象，以取得有利的竞争地位。

企业应利用优良服务巩固和提高企业形象，也应利用特殊时机或事件巩固和提高企业形象。企业在维护和提高形象上可利用一些特殊日子作为契机，展开形象宣传。例如企业成立周年纪念日常被用作开展公关，树立企业形象的大好时机。

（三）视觉识别系统的应变

视觉识别是静态的识别呈现，企业通过组织化、系统化的视觉方案，传达经营信息。视觉识别系统所包含的项目最多，层次较广，效果也最直接。因此，视觉识别的传播和感染力最强也最为具体。通过视觉识别，企业能够充分地展现其个性精神，使公众能一目了然地掌握所传达的信息，从而达到识别的目的。可见，视觉识别系统设计对企业形象战略的成败相当重要。

1. 企业名称设计的应变

任何企业要树立好的形象，首先必须有一个好名。这种好名或易记，或朗朗上口，或含义深远，或形象生动。亚洲最大的电工品牌"奇胜电工"在广东的一个销售经理借助"奇胜"的质量，以及瞄

图 5-1　松本品牌

准中国崇拜日本电器的心理，巧妙选用"松本"之名。在 1992 年成立松本电工（SOBEN）实业有限公司，从事高级建筑电气及配套产品研发、生产、销售。用其话说，他确定了品牌名称，就知道事业成功了一半。果真，如今"松本"已成为拥有"松本电工""松本照明""松本智能"和"松本板业"四大产业的强大实体，在拥有十几亿人口的中国建材和建筑电气市场凶猛角逐（如图 5-1）。

2. 品牌或企业标志设计的应变

标志一般有三种形式：文字型、图案型、文图结合型；还可分为表音标志、表意标志、音意结合的标志三大类。在实际应用中，特别是在国际间激烈的商业竞争中，很多公司为了更有效地保护自己，避免雷同，更明确地区别于对手，在标志设计上尽可能变化，如索尼公司的标志是由"sonny"去掉一个"n"构成的，Coca-Cola 则是一个复合词。我国也有用音译方式，取英文单词的中文音的表音标志，如乐百氏（Ro-bust）、四通（Stone），而并不要求音意相符，只要发音相近即可

（如图 5-2~ 图 5-4）。

图 5-2　SONY 品牌

图 5-3　乐百氏品牌

图 5-4　四通品牌

3. 标准色和象征图案设计的应变

由于民族心理、文化习惯、宗教信仰的差异，每一个民族都有其所钟爱的颜色和图案。例如，美国人喜欢黄色，而日本人则更喜欢红色。因此，企业在选择标准色和象征图案时应注意迎合不同民族的心理。美国兰道设计咨询事务所负责设计

与航空有关的业务，包括飞机外喷涂、内装饰、地勤设施、机场、建筑、空勤人员制服，甚至办公室的咖啡杯和餐巾。兰道公司在给新加坡航空公司进行标准色和象征图案设计时获得了较大的成功。新加坡航空公司是二十世纪七十年代初期从马来西亚航空公司分离出来的，需要推出全新的属于自己的设计系统，于是，兰道公司根据新加坡的特殊情况，为新航设计的核心标志是一只黄色的流线型大鸟，以黑色衬底，机身外喷涂也以黄、黑色为主，从而给人留下醒目和矫健的印象。另外，机

舱内装饰和空中服务人员的制服也很协调。这样不仅让人一眼就能认出新航的飞机，而且舱内设计也给乘客留下了深刻而良好的印象。也许正是这种独到的设计所产生的作用，新加坡航空公司数年被国际权威组织遴选为"世界最佳航空公司"（如图5-5）。

图 5-5　新加坡航空公司标志

第三节　：　CIS 项目的应用程序

CIS 系统的导入对于企业组织来说非常重要，但这只是形成企业品牌价值和企业文化的开始，CIS 的应用与管理才是企业长期的动态的过程。规划设计、导入实施 CIS 不是一次性的，而是过程性的，以保证 CIS 在整个建议计划、概念策划、规划设计、导入实施、评估监控等过程中的识别同一性和整体规范性。CIS 从项目提案到导入运行，少则 2~3 年，多则 4~6 年。

一、CIS 的建议计划阶段

（一）导入 CIS 项目的建议书

通常情况下，需有人向某企业或其他组织提出导入 CIS 项目的建议，经过相关

主管部门研究同意后才决定导入 CIS。建议人可能是某个企业内部的人员或部门，也可能是从事 CIS 咨询服务工作的专业机构或专业人员。不论建议人是谁，把握适当的提案契机提交具有充分可行性的建议书，是项目建议书能否发挥作用的关键。

导入 CIS 项目的建议书主要包括下列要点：导入 CIS 的背景和理由、CIS 规划设计的方针与形式、提出具体施行办法、提出导入计划流程图或计划表、实施 CIS 规划所需的投资预算表、提供的支持条件。项目建议书撰写的重点在于"导入CIS 的背景和理由"，尤其是导入 CIS 的理由一定要阐述清楚，这决定了组织导入

CIS 的方向。同时要注意的是，不能只指出企业的缺点，而是要针对时代潮流、相关产业和组织的现状提出精辟的看法，并以发展的眼光来对待问题。

（二）确立企业组织形象理念

企业形象是企业组合要素的综合体现，形象策划的动力来自企业全体员工协同奋进的合力。因此，CIS 的导入和实施过程，实质上就是全体员工参与和投入的过程。但是，不少企业对 CIS 的概念十分模糊，认为这是浪费财力物力、装点门面的虚荣做法。有些企业经营者即使具有 CIS 意识，但领导班子内部意见不一，难以形成共识性认识。因此，加快 CIS 基础知识理论的普及，是 CIS 导入过程中前期工作的关键。我国一些先行导入 CIS 并获得成功的企业实践经历表明，导入 CIS，必须在企业全体员工中确立群体观念。

为适应参与市场竞争的需要，企业不仅要树立良好整体形象，最核心的是要建立起品牌形象。企业不仅要有优质产品，更重要的是要得到消费者的认可。一切企业的竞争、市场的竞争、商品的竞争，概括来说表现为品牌的竞争，企业如若想要顺利开展 CIS，首先全体员工要认同企业形象和品牌形象，为导入 CIS 打下意识基础。

（三）组建 CIS 委员会

CIS 委员会是企业导入 CIS 的权威和协调机构，是实施 CIS 计划的关键层，CIS 委员会是企业最高决策部门。

1.CIS 委员会的设置原则

一是委员会本身的自律原则，CIS 委员会要具备超前意识，要以长远发展的眼光、科学严谨的态度来综合把握 CIS 导入的进程，让理性的企业决策者参与进来；二是组织联络原则，导入 CIS 涉及企业的方方面面，因此，有效推进 CIS 计划，就必须充分吸取各部门的意见，反映其实际情况，各项活动也能合乎企业特色，实时反映员工的意志和心态；三是外界协调原则，导入和实施 CIS，必须考虑外界对企业形象的认同。因此，在整个运作过程中，应加强与外界的联系，发挥好对外界的协调功能。

2.CIS 委员会的功能与职责

CIS 委员会的主要功能和职责是组织 CIS 的导入，协调规划设计与实施过程中的各项具体问题。其中包括：确认 CIS 系统，确立 CIS 导入的方针和计划等，策划事前调查，监督管理调查进程，举办组织员工的教育活动；拟定 CIS 的初步方案，并将方案报送给组织的最高负责人；按照被批准的 CIS 初步方案，规划设计理念、行为和视觉识别系统，落实 CIS 方案的费用投入，并负责管理设计开发系统，将结果呈送最高负责人，批准通过后对公司内外发表 CIS 开发的结果；不断发现和解决在 CIS 实施中出现的新问题，总结经验，并为 CIS 策划做好准备。

二、CIS 的调查研究阶段

企业形象调查研究是指 CIS 专案人员根据服务企业的委托进行企业形象调查而开展的搜集与研究工作。主要是了解外部看法、内部意见，发现问题、提出问题，为规划设计 CIS 工作提供重要的参考数据。CIS 调查的程序分为调查准备、调查实施和调查总结等三个阶段。

（一）CIS 调查研究的准备阶段

第一，确定主题。在进行企业形象调查之前，首先要确定调查的类型和宗旨。企业形象调查分为一般性企业形象调查和特殊性企业形象调查。一般性企业形象调查，即通过了解情况，掌握资料，以制订形象策划在一定时期内的工作计划，目的在于发展企业自身。特殊性企业形象调查是形象策划事件调查，前提条件是企业发生了对公众有影响的事件，企业形象策划人员要就这一事件进行调查，掌握资料，制订形象策划时的工作计划，目的在于解决存在的问题。

第二，确定范围。企业的公众处于不断变化之中，不同的调查主题应该确定不同的调查对象和调查范围。

在确定调查范围时，应该对有关公众对象的情况有所了解，以保证确定的调查范围更合理，更具有代表性。主要从公众对象的背景资料、知晓度情况、态度资料等方面确定公众对象的构成、大小、类型和活跃程度等，并确定被调查者的范围。

第三，确定内容。CIS 调查包含企业形象调查、项目调查、企业营运状况调查、社会环境调查等方面内容。其中企业形象调查是 CIS 调查的重点。企业形象调查是对企业内部与外部形象资产的构造、效益进行的全面系统的调查。一般企业往往没有现成的系统资料，CIS 专案人员需要进行原始资料的搜集、调查。

（二）CIS 调查研究的实施阶段

这一阶段的主要任务，是组织 CIS 专案人员按照调查计划的安排，系统搜集资料和数据，听取被调查者的意见。这个阶段主要开展采访调查对象、派发并回收调查问卷、搜集识别样品等调查活动。

①直接访问调查需要注意两个要点。一是访问的范围应该适当。在直接访问企业领导人时，访问者应将访谈提纲提前交给企业领导人，在确定他们已经做好准备，且能充分提供访谈信息的前提下，才能择时造访。访问的时间也应该预先告知。二是可以采取个体访谈或群体访谈，个体访谈应秉承平等、尊重的态度，问题要浅显易懂。群体访谈也要提前拟定访谈提纲，保证访谈效率。

②问卷调查一般分为发送问卷、访问问卷和邮寄问卷三种。具体采用哪种形式，要依据调查的具体情况而定。需要注意五个要点：一是准时赴约，做好准备；二是注意仪表仪容，大方有礼；三是耐心解释，消除访谈者的疑虑；四是冷静处理，不要暗示预设性回答；五是注意保密，不得自行删改、替换问卷。

③调查者深入到企业工作现场，能够直接感受企业的工作氛围、员工的精神状态和现场管理秩序等。但要明确调查目标，在实地走访之前应预先安排好访问内容和时间，以便让被调查者能够有所准备，同时也可避免调查过程中的不便和麻烦。

（三）CIS 调查研究的总结阶段

总结是对调查资料的整理、分析和研究，并得出指导性的结论。这个阶段的工作主要包括资料的整理与分析和撰写调查报告，是 CIS 调查能否充分发挥作用的关键一环。

第一，要对资料进行系统整理与分析，主要对调查所得的原始材料进行分类、统计、分析。分类要详细、科学，统计与分析要运用数理统计等方法，并用统计图表等形式把分析结果表达出来，得出合乎实际的结论。主要就识别性、统一性、形象值侧重、认知度、形象管理的有效性等问题进行专题分析。

第二，在系统的调查分析之后，有关调查成果应形成调查报告书，将所了解到的有关企业组织形象的状况都阐述清楚。一般而言，调查报告书的结构由标题、导语、正文、结尾四部分组成。CIS 专案调查报告书的标题，一般要求标明调查对象、内容范围或报告主旨；导语要包含调查活动的一般情况，如调查动机、调查目的等，还要包含报告书的核心内容，如现状分析，问题结论等；三是阐述正文，着重反映调查分析的成果，一般按照事实描述、统计分析、揭示问题、提出建议四个层次展开；四是结束语，最好采取开放形式，提出富有启发性的问题。

三、CIS 的概念策划阶段

当 CIS 调查工作结束后，对总概念的规划则是一项关键的任务。总概念报告书是给企业决策层的建议书，其规划质量直接影响整个 CIS 规划设计的结果。因为具体规划设计将以总概念为基准，体现总概念中规定的中心精神。

（一）CIS 总概念的作用

参照调查的结果，企业需要重新评估经验理念，构筑新的经营战略，以形成 CIS 规划的方针，并作为未来的管理方向，这一系列的构思想法统称为"总概念"。总概念必须能针对调查结果，表达出正确的判断，进而提供有关 CIS 的活动指针和改良建议，深入浅出地指出未来企业应秉承的发展方向。在 CIS 的开发导入中，概念规划是最重要的环节。许多企业一般都有经营理念或方针，但大多是自觉或不自觉地以自我为中心而设定的。从树立形象方面考虑，应对这些自我主张的部分做一次客观回顾分析，分析企业给公众留下的固有印象是否合理。

为达到突出形象的目的，一般需要用简单语言来表达企业形象，将一句关键语明确化。为了树立某种形象，企业在信息传播上应使企业内外达成一定的共鸣。企业现有因素必须经过整理分析，以构筑大众所能了解的 CIS 概念。也就是搜集、分析及整理各阶段作业都要与作为目标的关键语或标语有所联系，并条理井然地创造新企业形象。

（二）CIS 总概念的内容

CIS 总概念的内容之一是简要整理出事前调查的结果，对其中的重点加以解说。这项工作的关键在于下列两方面：一是根据企业实态调查情况，经过系统思考，拟出一份能够涵盖企业实态，又与企业形象识别系统相关的问题核表。二是根据调查结果的综合性判断和企业实态的问题点，探讨针对这些问题的可能性对策，构筑企业今后活动和企业形象创意。

CIS 总概念的内容之二是提出公司未来的作风、理念、形象、活动领域、方针、重要概念等，必须对公司未来的概念做完整扼要的叙述。CIS 概念是 CI 系统的核心，它应该明确企业的理念、形象特征，以及有关 CIS 开发的重要概念与方针。企业理念是企业整个经营思想的内核。

最后，为了具体地表达上述概念，应列出实际可行的做法。总概念的贯彻实现必须依靠一整套具体可行的做法，不同企业导入 CIS 的策略重点也不同。形象因素缺乏识别性和一致性的企业，应从理念到设计，加强价值的明确性、识别的鲜明性和统一性。企业名称、标志有不合时代潮流的企业，应以更新企业名称、标志，并配合推广宣传为策略重点。

（三）CIS 总概念报告书纲要

CIS 总概念形成之后，需要形成书面报告，递交 CIS 委员会或企业高层领导进行审议。建议书里包含了对企业未来的期待和规划，主要通过调查资料的搜集、调查结果的阐述所做的总报告来体现。所以，CIS 规划设计者必须做好总概念报告的形成与表现工作。报告书应简明扼要，富于创意，思路清晰，具有可行性和引导方向的功能。主要包含以下几个方面：一

是根据事前调查的结果进行综合评价；二是提出经营理念及方针建设；三是提出企业今后的活动及形象构建方向；四是提出新形象概念；五是依据新形象概念，设定出企业的基础设计方向；六是设计相应的识别系统；七是明确列出 CIS 规划设计的具体推进方法；八是建立适合项目的管理系统。

四、CIS 的规划设计阶段

CIS 规划设计阶段，可分为企业识别系统规划设计、企业识别手册编制、企业识别系统制作三个主要阶段。

（一）企业识别系统规划阶段

企业识别系统规划设计阶段主要分为几个阶段：第一阶段是理念识别系统规划开发阶段；第二阶段，行为识别系统规划开发阶段；第三阶段，视觉识别基础系统设计开发阶段；第四阶段，视觉识别应用系统设计开发阶段。必要时，通常会增加专项企业识别系统补充性规划设计，延伸出设计定位、优选方案、精细作业、决策审定等环节。设计开发某些关系甚大、难点甚多的识别项目，需要增加测定评估、论证修正，乃至试点作业等环节。例如行为举止的规划开发，必然要进行测试、评估、调整、规范等试点作业。

（二）企业识别手册编制阶段

企业识别手册编制阶段可细分为若干个环节。第一，全案策划。定编制内容、编制类型、编制方法以及编印方案。第二，个案作业。分别编制理念识别系统手

册、行为识别系统手册、视觉识别系统手册，优选必要的附录。第三，决策审定。经过论证和修正，终审各个分册。第四，印制大样。必要时，排版印制，装订成册。值得注意的是，企业识别系统规划设计阶段和企业识别手册编制阶段往往交叉乃至同步进行。编制理念识别系统手册，实质上是规划开发理念识别系统的延伸。编制行为识别系统手册，实质上是规划开发行为识别系统的延伸。编制视觉识别系统手册，实质上是设计开发视觉识别系统的延伸。

（三）企业识别系统制作阶段

第一，理念识别系统制作。主要是严格遵循理念识别系统手册，把理念识别系统的各个识别项目，规范地制作为便于传播和培训的图片、图表、图板，乃至图册、模型、录音带、录像带等。

第二，行为识别系统制作。主要是严格遵循行为识别系统手册，把行为识别系统的各个识别项目，规范地制作为便于传播和培训的图片、图表、图板，乃至图册、模型、录音带、录像带等。

第三，视觉识别系统制作。主要是严格遵循视觉识别系统手册，规范地制作视觉识别系统的各个识别项目。

第四，对企业干部和员工，分别进行理念、行为、视觉三大识别系统的专题培训和考核。

整个规划设计阶段的主要任务有以下五点：第一，审定理念、行为、视觉三大识别系统的规划设计定位；第二，规划设计开发理念、行为、视觉三大识别系统的基本识别项目；第三，编制理念、行为、视觉三大识别系统的规范手册；第四，规范制作理念、行为、视觉三大识别系统的有关项目；第五，分别进行理念、行为、视觉三大识别系统的培训和考核。

五、CIS 的导入实施阶段

导入实施阶段，进一步划分为发布、推广、调整、更新四个主要阶段。

（一）发布阶段

发布阶段可细分为若干个阶段。

第一，实施定位。根据企业内外条件的变化，结合市场定位和设计定位，确立导入企业识别系统的实施定位。

第二，全案策划。编制实施企业识别系统策划书，其中包括策划思路、发布内容、发布方式、发布程序、发布监控、发布时间等。

第三，决策审定。发布企业识别系统绝非小事，必须充分地论证、修正、审定实施企业识别系统策划书。

第四，精心组织。根据已经审定的实施企业识别系统策划书，组织和安排大众传播媒介组合与行为传播媒介组合。

第五，正式发布。选择适当和有利的地点、时间，特别是机遇，正式推出企业识别标志和企业识别系统。

（二）推广阶段

推广阶段可细分为若干个阶段。

第一，反馈调研。及时调研企业识别系统发布以来的效应、效果、效益，特别是社会各界和消费大众的反响、反应、建议，进行咨询和评估。

第二，全案策划。编制推广企业识别系统策划书，其中包括策划思路、推广内容、推广方式、推广程序、推广监控、推广时间等。

第三，决策审定。必要时，增加专项企业识别系统补充性设计。

第四，精心组织，逐步推广。

（三）调整阶段

调整阶段可细分为若干个阶段。

第一，调查研究。系统调查研究实施企业识别系统正反两个方面的经验教训，尤其是准确地咨询和评估企业识别标志和企业识别系统及其应用推广的效应、效果。

第二，调整定位。根据企业内外条件的变化，围绕实施企业识别系统的调查研究结论和咨询评估结论，选择企业识别系统的动态调整定位。

第三，全案策划。编撰调整企业识别系统策划书，其中包括策划思路、调整内容、调整方式、调整程序、调整监控、调整时间等。

第四，决策审定。调整企业识别标志和企业识别系统举足轻重，必须充分地论证、修正、审定调整企业识别系统策划书。往往增加专项企业识别系统补充性设计。

第五，精细组织。根据已经审定的调整企业识别系统策划书，不断完善和调整企业识别标志、企业识别系统、企业识别手册，并且组织和安排大众传播媒介组合

与行为媒介组合。

（四）更新阶段

1. 做好企业自身建设，塑造好企业整体形象

在企业实体建设方面，主要应抓好以下工作：一是大力加强职工队伍建设，提高人员素质；二是强化企业管理基础工作，建立企业科学管理体系；三是深化企业内部改革，完善企业经营机制；四是弘扬企业精神，企业必须树立一种符合时代精神的经营理念，构建具有特色的企业文化，这样才能在市场竞争中树立起具有个性特色的成功的企业形象。

2. 做好企业形象的传播与沟通工作

企业形象要获得社会大众的认可，必须搞好与社会大众的信息传播和沟通。现代企业要有意识地利用大众传播媒介和自身的信息网络，向外界广泛传播信息。这种信息传播必须是主动的、及时的、真实的、双向的、有目的性的、适量的，只有这样才能收到信息传播的良好效果。

3. 重视社会大众的要求、意见和反映

企业形象是社会大众对企业的客观评价和印象。因而在企业形象建设实施全过程中，应重视社会大众的意见、要求和反映，针对社会大众不同群体的具体要求，塑造出良好的企业形象。

六、CIS 的评估监控阶段

CIS 导入的效果评估与企业形象现状调查研究，这两个阶段的工作内容是首尾相接的，前一个时期的导入效果评估工

作，就是后一个时期企业形象再设计的现状调查研究工作，第一个项目的导入效果评估，就是第二个项目的企业形象现状调查研究，这是 CIS 动态调整与动态管理的可持续设计的客观要求。

（一）CIS 导入效果的评估程序

企业形象策划效果的评估是企业形象策划全过程中不可或缺的最后一环。为了保证评估的客观性、公正性和权威性，需要建立一套严密的组织系统和工作程序。具体分为以下几个步骤进行。

1. 成立评估小组

评估小组由 5~11 名专家组成，在 CIS 委员会的直接领导下开展工作。其职责是领导、组织、协调 CIS 策划效果的评估工作，包括制订计划、设定指标体系、人员培训、收集反馈信息、经费预算等。

2. 评定评估指标体系

评估小组根据 CIS 策划评估指标的通用性和企业所在行业的特殊性，设定客观、科学而又易于操作的评估指标体系。

3. 收集有关资讯

资讯是客观评估的事实基础。收集资讯必须全面、系统、准确，收集方式可以不拘泥于某一种方式。既要注重有形的资料，也不要忽略无形的、流于人们宣传的材料，以便收集的资料更为翔实。

4. 根据评估指标进行计算分析

对统计结果，按事前设定的评估指标进行计算、分析、比较，得出 CIS 策划效果。然后根据评估的效果进行分析并拟订鉴定意见。

5. 结论公布

将评估的结论反馈给 CIS 委员会，并予以公布。对评估结果较差的策划部分，评估小组根据评估得到的情况提出改进、调整意见。

（二）CIS 效果评估的主要内容

指导策划活动的计划按执行时间是否延续来划分，可分为企业形象时期计划和企业形象时点计划。因此，策划活动效果评估可以划分为三种类型，即日常策划活动效果评估、专项策划活动效果评估和年度策划活动效果评估。

1. 日常策划活动效果评估

日常策划活动存在于企业内部各方面、各环节之中，需要企业内部全体工作人员的共同努力。因此，企业在对日常策划活动效果进行评估时必须分步骤、分环节开展，让各部门、各环节的策划目标与企业整体目标相一致。

2. 专项策划活动效果评估

依据企业形象专项计划开展的策划活动，一般都属于重大的策划活动。活动效果如何对企业今后的发展有很大的影响，必须予以高度重视。在开展专项策划活动后，需要及时对专项策划活动的效果进行评估，明确相应的评估内容与评估标准。

3. 年度策划活动效果评估

年度策划活动效果评估是对计划年度内所有策划活动进行总体评估，总结经验、吸取教训、寻找问题，为下一年度企业形象策划提供依据。

（三）影响 CIS 规划设计效果的因素

评估发现 CIS 导入前后的形象基本没

有变化，或没有达到所期望的效果，则有必要对 CIS 运作的全过程进行原因分析，以下因素通常会影响企业形象策划效果。

第一，策划人员对企业实态的了解程度。策划人员对企业实态的了解是进行策划的基础，只有策划者对企业在公众心目中的形象、地位、期待和要求等企业最迫切要解决的问题有一定的认识，才能设计和建立深受公众喜爱的企业形象。

第二，策划人员自身的素质。策划人员自身素质，会对企业形象策划效果带来直接的影响。一是策划人员的价值观要正确，策划者只有拥有正确的价值观才能做出合理的判断；二是策划人员的知识面要广，要掌握经济学、管理学、社会学、工艺美术学、语言学、传播学、市场营销学等多学科领域的知识；三是策划人员的创造力要强，通过个性化设计与表达，传达企业的独特个性和别具一格的风格。

第三，企业领导者。企业领导者素质如观念、价值观、意志力等因素是决定策划效果的重要方面。所以企业领导者要通过各种途径不断地开阔自己的眼界，更新自己的观念。企业领导者还要建立正确的价值观，因为企业形象的核心因素，从某种意义上来说就是企业领导价值观的反映。

第四，企业员工。企业形象策划的效果也受到员工心理素质、文化素质、技术素质等方面的影响。在 CIS 刚刚导入的时候，必然会引起某些制度、规则的改变，如果员工的文化素质和技术素质较低就很难正确理解和执行，因此，企业应通过各种途径，如建立职工大学，开展知识、文体竞赛，以提高员工素质。

（四）CIS 导入危机的预防与控制

1. 预防工作从高层领导开始

一般来讲，需要设立预防系统来保障企业对危机的有效处理和应对，与此同时，企业形象危机的预防工作必须从企业高层树立危机意识开始。美国塔基州危机管理研究院的研究表明，通常情况下，一般是由管理人员对二十世纪九十年代发生在组织中的各种危机负责。

因此，企业的高层领导时刻做好危机准备，强化全员的危机意识，努力构建危机处置体系。突发性危机管理的首要问题是领导者的可信度和同情心。危机中的领导者会倾向于做出一些令人欣慰的承诺。同时，高层领导者会采取富有同情心的行动并使之制度化。前者需要领导者创造出让人们能够自由表达和讨论感受的环境，进而帮助他们寻找慰藉或为他人伸出援助之手并共同憧憬未来。

2. 企业形象危机恢复管理

企业形象危机的恢复管理是通过危机处理，总结教训，积累经验，是企业整个危机管理的重要环节。企业由此可发现经营管理中存在的问题，有针对性地进行改进，对企业的长远发展具有深远意义。企业必须实事求是地撰写出详尽的事故处理报告，为以后处理类似的危机事件提供参照性依据，并反思整个危机处理过程中企业的决策和行动，进一步完善公司的危机管理程序与制度，从根本上防范同类危机事件的发生。

在总结经验教训时，企业应针对预警系统的构成、危机应变计划、危机决策和处理等方面进行评价，要详尽地列出危机管理工作中存在的各种问题。企业通过对

暴露出的问题进行分析，调整和修改危机计划。全面启动危机恢复管理，开展一系列的企业形象恢复管理活动，充分利用公众对企业的关注，改变公众对企业的印象并努力增加其对企业未来的信心。

第四节　CIS 项目的管理实务

一、CIS 成果的展示管理

企业导入 CIS 的诉求，是为了让企业外部的公众和企业内部的员工充分认知和感受企业的新形象和新概念，向社会展示独具魅力的新形象，因此当 CIS 计划设计完成以后，企业需要考虑的是对内对外发表企业 CIS 成果。

（一）CIS 成果对内发布

当企业导入 CIS 计划后，需要在对外发布 CIS 成果之前，对企业内部员工进行一次完整的解释和说明，使员工了解导入 CIS 的主旨。对内发布 CIS 成果，需要考虑以下几个方面的问题：

1. 对内发布的方针

对内发布 CIS 成果时，要确定基本方针，从整体上把握对内发表需要事前确认的事项及其要点。主要包括对内发表的范围、对象和效果，效果的测定和调查，推展效应等。

2. 对内发布的内容

对内发布 CIS 的目的就是让员工全面了解 CIS 计划，使新的企业精神贯彻到职工行动中去。拟定对内发布 CIS 成果的主要内容，应包括以下几个方面：明确 CIS 的性质、意义、基本理论，以及同行企业导入 CIS 的情况与业绩，以实例说明 CIS 系统导入推行的重要性；向广大员工交代公司导入 CIS 的动机、目的、基本程序、实施管理计划，让员工了解、接受并参与 CIS 计划；详细介绍企业的新理念体系和建立新企业理念的必要性和内容；详细说明新的企业标志所象征的意义，使广大员工了解新标志，并对其产生感情上的认同，从而增强企业职工凝聚力；明确企业的外观形象和识别形象的重要性，并严格遵守识别系统的设计，制订今后的识别计划，它包括改革时的新计划的应用、推广办法，以及新设计的管理和应用问题。

（二）CIS 成果对外发布

对外发表可视作一个 CIS 计划实施的起点。对外发表 CIS 成果一是能够表达企业改革的决心，二是能加强企业员工的

自觉性教育，为企业的个性和企业精神注入新的活力。企业在对外发表 CIS 成果之前，应明确以下内容：

1. 对外发布的方针

制定 CIS 对外发布的方针，应考虑的主要事项有：对外发布 CIS 成果的基本意义、主要内容、基本途径和宣传材料等。

就对外发布 CIS 成果的基本意义而言，首先应该明确对外发布导入 CIS 的成果有何种意义。对此，企业在拟订发布计划之前，应有一次回到点上来确认"对外发布"的指导思想和基本概念。

就对外发布 CIS 成果的宣传材料而言，其主要包括：有关导入 CIS 的说明传单，导入 CIS 的新闻通讯，新设计印刷的企业简介、样本及宣传印刷品，《公司 CIS 指南》等 CIS 资料及小册子。

2. 对外发布的主要内容

企业对外发布的主要内容包括三个方面：企业导入 CIS 的动机与目标、导入 CIS 的基本计划和导入 CIS 的阶段性成绩等。其具体包括以下几个方面的内容：企业新观念的阐释、企业新名称及其象征意义、企业新标志及其象征意义、企业开发设计的基本精神、品牌系统设计要素的意义说明、企业员工新风貌、企业配合 CIS 导入开展的质量管理运动的情况与成绩报道。

3. 对外发布的媒体选择

CIS 对外发布的媒体选择，是根据诉求的对象、宣传的要点与预期目标确定的。就媒体可选择的范围而言，主要有三类，即广告、新闻和公关。每种媒体的宣传要点也有所不同。

①广告类。

广播广告，易于宣传企业名称、企业口号、企业的经营理念等。

电视广告，易于宣传企业标志与品牌视觉形象要素。

报刊广告，易于宣传企业标志、品牌、经营理念与产品品质。

户外广告，易于宣传诸如企业品牌、商标、企业名称、企业标志等企业的视觉形象系统。

邮件广告，易于进行企业识别系统的整体性宣传。

广告宣传手册，易于配合营销推广，宣传品牌。

②新闻类。

广播新闻，易于详尽地介绍企业导入 CIS 的情况或某一方面的成功经验，具有典范性意义。

电视新闻，易于从总体上介绍企业导入 CIS 的业绩或 CIS 的基本精髓。

报刊新闻，易于全面或侧面地报道企业导入 CIS 的基本情况。

新闻类传媒一定要紧扣当前的新闻热点，客观公正地报道，强调典范性意义，不要进行视觉设计因素的传播，避免有偿新闻与变相广告之嫌。

③公关类。

庆典活动，是一种隆重地发布 CIS 的仪式，往往和企业周年纪念日、企业开业和新产品上市等结合在一起，具有轰动效应。

新闻发布会、展示会、招待会，通过

这些形式，将企业导入 CIS 作为重大事件向社会发布，有利于企业新形象的建立和向社会公众传递企业新的形象信息。

赞助活动，通过赞助体育比赛、文艺演出、教育学术活动、社会公益活动等，宣传企业理念、精神和员工的行为面貌。

二、CIS 价值观体系的构建管理

有效地推广 CIS 成果，需要企业全体员工的协助。因此，要在对内对外发布 CIS 成果的基础上，加紧对企业内部员工进行 CIS 导入的教育与培训。

（一）教育与培训的方法

企业内部对员工进行教育与培训，其主旨是培养员工的现代人生观和企业价值观，使员工认同企业精神和经营理念，培养员工的事业心、责任心、荣誉感和成就感，使全员追求卓越的企业形象。日本企业实施 CIS 管理过程中非常强调所谓的"价值共有化"，经常采用的方法有：

1. 重复强调

利用各种视听形式，如宣传、张贴、广播、集中学习等形式重复强调企业理念、精神、行为准则。在每周的集体例会上，播放或全体合唱企业歌曲（厂歌）。

2. 阐释体验

每一位员工都应切身体会企业的识别理念，将信条式的企业理念化为内在意识的自觉性，重新确认自己在企业中的位置与职责，如开展 CIS 座谈会等。

3. 环境物化

在整个环境布置中，包括厂房、办公室、厂区、厂车等的布置形式，都要体现企业理念的精神实质。还可以借助匾额、标语等随时随地表现企业理念，通过耳濡目染，使其深入人心，扩大影响。

4. 惯例仪式

仪式是企业文化的一部分，对社会大众能够产生强烈的感染力，是一种传播企业理念的好形式。在企业内部，仪式反复举行，可以在员工身上起到潜移默化的作用，使其从潜意识中产生对企业文化的强烈认同感。

（二）教育与培训的形式

对员工进行教育与培训要讲究效果，可采用多种多样的形式，来达到既定的目的。下面是国外总结的员工教育与培训的具体活动形式。

1. CIS 说明书

说明书应包括企业导入 CIS 的背景、经过，以及新制定的企业理念和企业识别；员工均分配到某一部门，召开说明会，做 CIS 导入内容说明。

2. 员工教育用幻灯片

其要点有：利用视觉效果，例如 AV（视频）工具等，说明公司有关 CIS 导入的背景、经过，以及新制定的企业理念和识别；公开举办说明会。

3. 公司简报等公司内部媒体

利用公司媒体来传递信息，提示说明等；媒体的最大优点是能将员工的反映和意见简洁地记录下来。

4. 员工手册

编印说明公司新理念、新企业标志的

手册，让员工可以随身携带。

5. 公司内部沟通

奖励使用公司产品；公司常召开会议，使之制度化；公司留言板，促使公司内部信息的传达与联络。

三、CIS 导入的可持续性管理

CIS 导入计划在完成预期规定的程序之后，可视为第一次 CIS 计划的结束，或者视为 CIS 的第一轮循环企划作业的结束。但是 CIS 第一轮循环企划作业的结束，并非意味着企业 CIS 计划的终结，对 CIS 导入计划的完善和管理，还有大量的工作。

（一）建立企业 CIS 发展管理部门或机构

企业 CIS 计划的实施贯穿于企业日常经营管理的全过程，在整个实施过程中，需要不断总结和完善，同时还需要不时地进行动态调研和发展预测分析，并且需要就 CIS 推展进程中所涉及的诸多具体问题，与企业各部门进行沟通协调等，必须建立一个高效精干的 CIS 推进中心或发展管理部门，逐项具体地受理和负责这些工作。这个部门或机构，应隶属于企业 CIS 委员会，且直接对企业管理决策层负责。

（二）CIS 设计系统的管理和修正

CIS 设计是一个动态发展的系统，不可能短时期内的导入实施和推展就能顺理成章地实施。因此，在强化目标管理的前提下，要不断加以修正、完善。CIS 设计系统的管理和完善工作，通常来说，由企业专门的 CIS 管理部门和机构会同有关部门共同负责担任。

（三）建立专家评价交流制度

这里指的专家评价，主要有两层意思：一是受理 CIS 识别系统设计开发策划的公司专家定期回访企业，对企业 CIS 计划的推展运作情况进行诊断和评定；二是指企业不定期聘请专家和经营管理专家对企业 CIS 运作系统和推广进行指导和评价。实践证明，专家诊断和评价是修正、健全和完善企业 CIS 计划最有效的手段之一。

（四）企业第二次 CIS 计划的立案

在企业 CIS 计划的导入推展过程中，由于受企业内外多种因素的变化影响，各种新的主题确立、新的概念导入、新的思路形成，而这些新问题、新情况的提出和发现，有的可以通过及时修正和完善，及时并网，适时纳入轨道；有的则需单项立案。单项指标的选用和组合，便形成了新的计划和新的系统，这就进入了 CIS 计划的第二轮循环，即企业第二次 CIS 计划状态。企业第二次计划的导入，标志着第一次 CIS 计划迈入了高水平发展的新阶段。

思考与练习

1. 试从 CIS 应用的历史渊源上理解，分析 CIS 意识在军队中的确立。

2. 阐述引进 CIS 战略的契机。

3. 试从国内 CIS 导入的成功与失败的案例中，分析对 CIS 的系统性、长期性和文化性的认识。

4. 请分别阐述 CIS 项目各阶段应用的主要内容和要求。

5. 怎样加强 CIS 整体实施的落地管理？

6.CIS 效果评估的主要内容有哪些？

第六章

CIS 的实操与案例

CIS 理论是现代企业组织的管理学说之一，在企业组织竞争和品牌建立上有不可或缺的作用。CIS 是个系统工程，它的概念策划、规划设计、导入实施、评估监控等管理，不仅需要一段较长的实操时间，而且需要一个作业团队分工协作来完成。仅从理论上认识和理解 CIS 以及简单的课堂训练，是远远不够的，还必须要"项目引进"或"项目开发"，采用项目工作室等形式来实际操作。

基于艺术设计教育的实战性、职业性、创新性的特质和培养高技能应用型人才及具有发展力、创造力的艺术创作者与思想者的培养目标双重性，克服高校艺术教育普遍存在的理论课表面化、专业课轻实践的问题，我们主张实行"课程目标作业制＋项目工作室制"全程教学质量监控模式，即将真实的设计项目引入教学的全过程，以期实现教学效果的最大化。

第一节 ： CIS 项目案例的实操介绍

一、CIS 项目总案实例

案例名称：海口市妇幼保健院、海口市妇女儿童医院 CIS。

资料来源：海南劲艺设计工程机构提供 http：//www.URGE—ART.com。

（一）项目案例简况

2004 年 6 月，劲艺机构开始为海口市妇幼保健院、海口市妇女儿童医院策划设计 CIS。

海口市妇幼保健院、海口市妇女儿童医院始建于 1951 年 11 月，占地面积 1.68 万平方米，总建筑面积 2.6 万平方米，病床 300 张，是一座集妇幼保健、临床、科研、教学、康复为一体的多功能专科医院。1995 年被世界卫生组织、联合国儿童基金会授予"爱婴医院"称号，1999 年被国家卫生部授予二级甲等妇幼保健院称号。2004 年 6 月，医院以通过 ISO9001：2000 质量管理体系认证和新建院区完成之际为契机，为构建与"硬件"相匹配的"软件"人文环境和医院文化，通过筛选，委托海南劲艺设计工程机构规划设计 CIS 工程项目。通过项目作业团队和 CIS 决策委员会成员的共同努力，以及医院全体员工的相互配合，按计划在 2006 年顺利完成 CIS 的调研、设计和实施指导等约定事项。

（二）设计创意

①理念创意。项目作业团队为医院构建新面貌、新起点、新标准、新高度、新优势的经营思想体系；树立承担责任、

齐心协力、以身作则、主动执行的主人翁精神；确定适时整合、修炼规范、提升拓展、品牌至尊的战略发展思路。

②标志创意。新标志以"海口"的拼音字母"HAI KOU"、"母抱婴之态"图案和"心"的特征轮廓线为设计素材，在红心之中巧妙融合"爱婴图形"和"HAI KOU"，并使各设计元素有机互动，构成了比较稳重美观的红心造型。标志直接点明了医院的区域性且用妇女儿童之爱的寓意图形来表现医院的行业特征和服务品质，并赋予医院一种爱婴文化含量。标志外圈色彩采用医疗行业的传统"红色"，红色源于血液颜色，象征生命奋进与永恒；中间选用绿色，意在生命源于自然，绿色代表和平、美好、健康，强化了地域特色和服务内涵。在设计理念中，突出了爱心和社会性，希望能在消费者心里构筑安全感和信赖感，赢得良好的美誉度，塑造出个性化的服务品牌形象，以达到建成中国一流的妇幼专科医院的愿望。

③吉祥物创意。吉祥物采用"袋鼠"为设计基础元素。袋鼠是具有浓厚母爱的一种动物，爱护小袋鼠十分周到。当小袋鼠遇到敌人，便立即逃到它妈妈的腹袋里，母袋鼠就带着小袋鼠快速飞跃；万一逃不掉，它就把小袋鼠藏在隐秘的地方，然后再和敌人决战。袋鼠的母爱值得人类效法。图形借助母婴袋鼠形象特征，生动地展示了母爱精神，体现出妇女儿童医院的经营宗旨和服务理念。

④海报创意。海报设计主打宣传广告语"30万人在这里出生"，以"向日葵"

图像作为基本构件。"30万人在这里出生"是海南省内其他医院无法比拟的差异化优势，"向日葵"象征着阳光与生命。海报艺术性地把儿童头像比拟为花蕊，形象地体现和传达了医院的优势资源形象，表明了项目医院的生命力和实力。

⑤院歌创意。院歌《健康快乐的使者》，内容充分体现了项目医院的使命和服务宗旨，音乐表达了博爱的情怀和奉献的精神。

（三）效果评估

①医院形象具体评估。舆论调查与民意测验结果显示：项目医院综合形象评价度提高49%，知名度提高32%，环境评价满意度达91%。因此医院CIS导入计划目标得以实现。

②工作成效评估。根据医院所确定的评估标准和内容，通过CIS委员会工作总结、策划设计人员座谈、员工评议的结果反映：CIS委员会和CIS策划设计机构工作成效满意度达89%。满意度未达90%以上的主要原因是实施指导期过短，员工培训，特别是种子教官培训力度不够，以及医院方主要领导换替造成实施深度、标准化控制和行为自觉化等方面效果不够理想。

③传播效果评估。问卷评价与专人访谈的调查结果显示：医院员工中能做到上情下达和下情上达，上下协调一致，共同为医院的发展努力的占83%；认为通过本项目文化建设能保证医院内部具有凝聚力与向心力的占86%；就诊人员和非就诊人员对项目医院的医疗质量、服务质量、

医院环境的综合一流评价率分别为83.5%和81.4%；项目医院2005年收入增长率为17.6%；2006年收入增长率为11%；社会公众对项目医院导入CIS系统前后美誉度综合评价分别为78.6分和86.3分。

二、CIS项目分案实例

（一）BP石油公司VIS设计

设计：兰道联合设计公司

1. 项目感言

"我们需要对能源业进行重组，要超越石油。这并不是放弃石油和天然气，而是要改进使用和生产石油与天然气的方式，这样我们的行业就能够与世界的长期需要相吻合。一个全球市场中，品牌在吸引客户和业务方面是至关重要的。它不仅仅是增加一些加油站或广告牌上标志的问题，而是公司的标识，是我们所做的一切事情、拥有的一切关系背后的价值观念。"——约翰·布罗恩爵士（BP石油公司执行小组主席）

2. 项目背景

1998年，英国石油公司和美国石油公司合并创建了世界上最大的石油和石化集团之一，为客户提供光和热能源、运输业的燃料、零售服务和各种石油化学产品。

3. 项目目标

开发一个品牌标识统一于BP旗下。目的是向世界表明，合并后的公司是一个强大的全球品牌。公司的业务与企业文化相协调，创建在线资源及其他工具，确保各种行动与BP石油公司核心价值观念相吻合。

4. 过程与战略

兰道联合设计公司首先对BP石油公司现有的品牌资产调查进行调查，和对公司高管一对一访谈，形成"品牌驱动力"论坛。在这个论坛上，高层管理人员和市场推广人员共同合作，让新品牌的核心价值得以充实，强调了改造公司、超越石油的使命。

5. 创意方案

兰道联合设计公司强烈推荐保持原来的BP名称，依据是它已经是一个品牌，具有全球影响力。由奥格里夫和马修公司开发出来的主题"超越石油"，也被视为核心概念，以此来统一BP品牌的所有行动、行为和传达。兰道联合设计公司设计了一系列的视觉方案。BP的CEO和高级管理层选择了太阳神的图案，这个图案寓意进取、向前思考、创新和环境保护等（图6-1）。

图6-1　BP石油公司VIS设计

6. 项目结果

兰道联合设计公司开发了一系列员工培训班计划，让大家自由讨论如何在日常工作中体现品牌价值。"品牌中心"作为一种在线资源，提供指导作用，帮助每个员工在品牌创建中发挥自己的作用。BP每年还会进行一次社会调查，主要调查其社会影响、业务表现、客户关系；同时也了解内部意见、员工职业满意度等（图6-2）。

图6-2　BP标志系列

（二）海南医学院临床技能实验教学中心标识系统设计

　　设计：海南劲艺设计工程机构

　　海南医学院临床技能实验教学中心标识以一本打开的书为基本设计元素，巧妙地衬托出带有十字形的试验瓶；并以紫蓝色为主色，表达了沉默、理智、科技、认真、细密而神秘之意；以草绿色为辅色，表达了开放、青春而带有光明、希望、未来的寓意。标识充分体现了"医学"（十字）、"实验"（试验瓶）、"教学"（书本）、"中心"（整体造型）等组织性质特征，以及寓意着学生通过学习知识和临床试验的努力，实现达到"悬壶济世"的光明未来（图6-3）。

图6-3　海南医学院临床技能实验教学中心标识系统设计应用

第二节　CIS 项目开发的案例分析

一、案例一：海口石山火山群国家地质公园

设计：海南劭艺设计工程机构

（一）项目建议书

市场每天都在变，市场永远是新的！

如何征服不断变化的市场？

我们感受最深的是，市场似乎永远走在我们意识的前面。如果我们总是想用昨天成功的营销手段来开拓今天的市场，如果我们总是抱着老经验不放，那么新的市场就一定会无情地将我们淘汰掉！

逆水行舟，不进则退！

要创新就必须向传统挑战，要创新就必须学会否定，就必须学会舍弃，有所失必定有所得！

如今市场已从营销导向发展到形象导向，我们应该及早正视陈旧的营销模式，规划新的营销战略和手段，树立新的品牌形象，力争在激烈的市场竞争中取胜。

品牌营运是一种新的营运模式。全球进入了“品牌大战”的时代，拥有品牌比拥有厂房更重要。国际设计协会统计显示：企业塑造品牌形象投入 1 美元，所获得的收益是 227 美元！

（二）项目组织机构概况

海南椰湾集团有限公司为海口石山火山群国家地质公园的项目法人。

海口石山火山群国家地质公园位于海口市西南部的石山、永兴两镇境内，邻近琼州海峡。其火山最后一次喷发距今 1 万年左右。

公园面积 108 平方千米，分布有 40 多座各种类型的火山，30 余条熔岩隧道，数处典型地质剖面，以及蕴藏丰富的优质火山矿泉和热矿水。其热带原生林、古荔枝林以及良好的生态植被，被视为海口的“绿肺”，有火山特色的玄武岩石器与宋代古民居等具有悠久历史的古迹。因其火山成因之典型，类型之多样，形态之优美，结构之完整，以及溶洞之奇异，矿泉之珍稀，植被之常青和千百年来所沉淀的独特火山民俗文化，为世界罕见的城市火山。2004 年 1 月被原国土资源部批准为“国家地质公园”（图 6–4）。

原国土资源部决定，将广东湛江湖光岩、海南海口石山火山群、广西北海涠洲岛三个国家地质公园的资源进行整合，联合申报雷琼世界地质公园。

拟建的雷琼世界地质公园海口园区总体规划、着力打造我国唯一的、有知名度的热带海岛城市生态文化旅游精品，并成为海口市后花园，海岛之旅的重要选项，是具有观光游览、休闲度假、体验性科普科考和生态文化等多功能的旅游区。

海口石山火山群国家地质公园申报世

图 6-4　海口石山火山群国家地质公园风貌

界地质公园，成为与世界自然遗产具有同等地位和意义的品牌，是海南省旅游增添的一张新名片。它具有与天涯海角、博鳌论坛一样扬名天下的潜力。

（三）项目组织机构存在的主要问题

1. 管理与文化问题

①公园组织没有共同的价值观以及基本信念，管理团队整体素质参差不齐，有待于规范化提升。

②管理制度随需而设，缺乏系统性和前瞻性，执行力度有限。规范管理的意识不够，停留于乡镇企业运作模式。

③公园标识识别特征模糊，传达功能欠佳，应用不便；用色和寓意牵强，图形构成较乱及虚实层次感差。引导牌和景点介绍牌等格式不一，安装不符合人体工学的规范要求，可视效果较差，品牌形象无法体现。

④公园没有标准色、标准字、标准名称组合和外部形象等视觉基本要素规范以及文化传播，没有统一的整体的营销传达系统。

⑤配套设施及服务不完善，差异化营销效应不明显。

2. 组织形象构筑问题

①公园旅游产品销售主题不明确，营销形象不统一，顾客认同度不高。

②组织形象不突出，有差异化的产品，但没有差异化的经营形象，优势利用度低。

③组织没有独有的，能代表产业自身特点的标语、口号，市场认同效应很小，浪费项目的差异价值。

④组织缺乏固定而统一的视觉规范，市场形象不容易让顾客形成重复强化的牢固记忆。

⑤组织缺乏有计划的形象建设和系统的组织文化建设，对其重要性认识还不够，影响经营的效果。

⑥没有统一的价值取向和精神信条，很难形成核心竞争力。

综上所述，所有的问题归根溯源是一个核心问题——公园组织品牌形象问题。

（四）CIS 系统的导入

①能推出一批简洁明快，没有任何视觉负担，能使社会公众迅速辨认、理解和记忆的环境标牌，避免品牌资源的浪费。

②公园品牌形象在社会上、市场上形成一贯性、统一性，使其品牌认知统一强化度增加。

③公园物业环境和经营环境与市场主张相符。

④公园的每个员工和团队的行为形象，强烈地体现组织的责任感和自豪感。

⑤消减公园组织声誉受到不良因素的影响。

⑥管理理念一致，制度规范，凝聚力强，员工忠诚。

⑦适应社会与市场，社会公众认同感良好，品牌易于记忆与传播。

（五）CIS 设计程序与方法

① CIS 作为现代组织的经营策略，当然有它的共性，但每个组织的实际情况都不相同，其导入 CIS 的动机与目的不同，解决问题的切入点也不同。本项目组织现阶段设计导入 CIS 是最好的机会。

第一，项目组织目前的经营状况，急需推广宣传促进销售，导入 CIS，对品牌进行"形象包装"，规范视觉基本要素，提炼产品理念，引入品牌概念，进行广告创意，制定营销策略和市场推广计划，将产品的广告、新闻、公关、促销等手段整合传播，迅速建立起品牌。

第二，项目组织联合申报雷琼世界地质公园，十分有必要树立相应档次的外观视觉和管理行为形象。同时随着公园组织的发展，主导产业由单一变为多元，不同景区、不同中心、不同基地，更需要应用 CIS 系统，快速完善形象识别系统，发挥品牌效益。

②文化是第一竞争力。公园的组织文化建设是公园经营管理的核心内容。从经验管理到科学管理是企业管理的第一次飞跃，从科学管理到文化管理是企业管理的第二次飞跃。企业组织竞争战略和其他行为一样，实质上是组织文化指导组织实践的具体反映。

二、案例二：海口市人民医院

设计：海南劭艺设计工程机构

理念识别系统
MIND IDENTITY SYSTEM
CIS-MIS

CIS-MIS

理念识别 基本要素　MIS-A-01

一、医院使命

质价首创　责任千年　健康万家

【释词】
【释句】

CIS-MIS

理念识别 基本要素　MIS-A-04

2、换位理解　情理兼顾
【阐述】

3、不断思考　不断创新　不断发展
【阐述】

四、活动领域

CIS-MIS

理念识别 应用要素　MIS-B-04

三、管理原则

1. 健全制度原则
2. 规范行为原则
3. 保证质量原则
4. 树立品牌原则
5. 常续发展原则

【阐述】

CIS-MIS

理念识别 应用要素　MIS-B-06

六、座右铭（院训）

1、传承医道　自觉医责　维护医职
【阐述】

2、人道　人民　人情
【释词】

CIS-MIS

理念识别 应用要素　MIS-B-07

七、海口市人民医院院歌

海口市人民医院院歌

CIS-MIS

理念识别 应用要素　MIS-B-08

八、发展战略

1、资源优化战略

2、品牌竞争战略

3、管理创新战略

CIS-MIS

理念识别 应用要素　MIS-B-09

九、简史

CIS-MIS

理念识别 应用要素　MIS-B-10

行为识别系统
BEHAVIOR IDENTITY SYSTEM
CIS-BIS

CIS-BIS

导 言

CIS-BIS

医院环境行为识别支系统

一、工作空间的管理环境设计

CIS-BIS

医院环境行为识别支系统

CIS-BIS

医院管理行为识别支系统

CIS-BIS

医院管理行为识别支系统

CIS-BIS

医院管理行为识别支系统

CIS-BIS

医院活动行为识别支系统

CIS-BIS

医院活动行为识别支系统

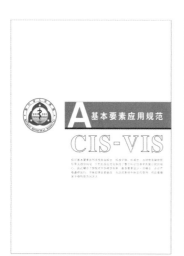

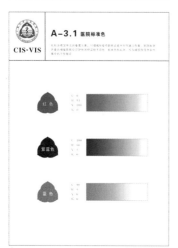

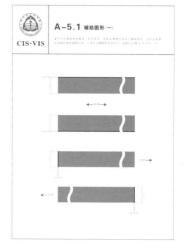

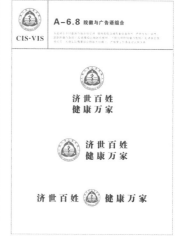

B 医院环境形象应用规范

CIS-VIS

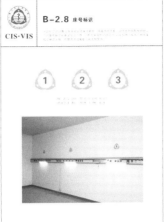

卫生间
TOILET

女卫生间
FEMALE TOILET

无障碍卫生间
ACCESSIBLE TOILET

男卫生间
MALE TOILET

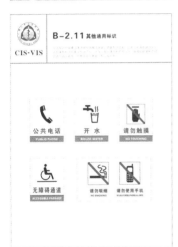

公共电话 PUBLIC PHONE

开 水 BOILED WATER

请勿触摸 NO TOUCHING

无障碍通道 ACCESSIBLE PASSAGE

请勿吸烟 NO SMOKING

请勿使用手机 NO USE PHONE

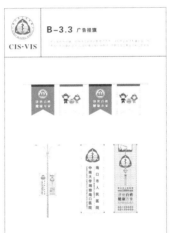

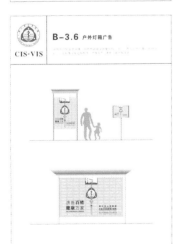

C 医院职能相关性识别形象应用规范

CIS-VIS

思考与练习

1. 针对本章的 CIS 总案实例，分析其规划设计的优点和不足之处。

2. 针对本章的 CIS 分案实例，分别阐述其设计的优缺点。

3. 针对本章的项目建议、调研报告、形象识别手册等案例，分别分析其规范性与优缺点。

实训项目

为当地规划设计一整套"××特产品牌形象识别系统"。

1. 项目背景

每个地区都有一定的特产，在一定程度上还存在着品牌推广问题。要解决品牌推广问题，首先应设计好品牌形象。通过系统学习 CIS 理论与实操原理后，为当地政府或企业提供优秀作业案，既能够提升当地特产在广大消费者心目中的形象，又能体现设计师的社会责任感。

2. 项目任务

了解项目特产在市场上营销的情况，结合当地的文化因素为其规划设计具有区域特色的品牌形象。要求在调研分析报告的基础上，制定品牌定位，规划品牌核心价值，指导品牌标识、字体、识别色等基础元素的设计，开发产品包装、广告版式，展示空间为主的应用设计项目，力图塑造品牌个性。

3. 实训目标

①撰写《××特产品牌营销现状调研报告》。

②提交《××特产品牌概念策划书》。

③规划设计一整套××特产品牌形象识别系统。

④制作《××特产品牌识别手册》。

参考文献
REFERENCE

［1］许劭艺.组织文化设计主义（上，下）［M］.香港：中华文化出版社，2005.

［2］许劭艺，洪志强，吴晓雯，等.中华经典文化选读［M］.沈阳：东北大学出版社，
2018.

［3］许劭艺.新概念 CIS 企业形象设计［M］.长沙：中南大学出版社，2011.

［4］许劭艺.设计艺术心理学［M］.长沙：中南大学出版社，2020.

［5］张志坚，许劭艺.职业自觉［M］.北京：中国经济出版社，2013.

［6］鸿洋.中国传统色彩图鉴［M］.北京：东方出版社，2010.

［7］李砚祖.设计研究［M］.重庆：重庆大学出版社，2011.

［8］何新闻.创造设计的生命力［M］.北京：北京大学出版社，2009.

［9］祝帅.中国文化与中国设计十讲［M］.北京：中国电力出版社，2008.

［10］［美］史蒂文·霍华德.公司形象管理:21 世纪的营销制胜之路［M］.高俊山，
译.北京：中信出版社，2000.

［11］［美］约翰·科特，詹姆斯·赫斯克特.企业文化与经营绩效［M］.曾中，李晓
涛，译.北京：华夏出版社，1997.

［12］［美］凯瑟琳·费希尔.品牌再设计［M］.上海：上海人民美术出版社，2001.

［13］中国包装联合设计委员会.中国设计年鉴［Z］.2002—2009.

［14］海南省包装技术协会设计委员会.海南设计年鉴［Z］.2005.

［15］许劭艺.教学管理与教学研究大学校园文化视觉环境设计与应用：海南经贸职业技
术学院的实践与启示［M］.海口：海南出版社，2008.

［16］许劭艺.试论校园建筑与景观在高校品牌塑造中的作用［M］.海口：科园月刊，

2008.

［17］高驰 .CI 规划原理［M］.北京：中国建材工业出版社，2005.

［18］李怀斌 .企业形象策划［M］.大连：东北财经大学出版社，2008.

［19］朱立恩 .企业形象的魅力：CIS 战略概述［M］.北京：北京经济学院出版社，1995.

［20］安亚利，朱立恩 .企业成功的奥秘：CIS 战略实例评析［M］.北京：北京经济学院出版社，1995.

［21］徐建民，邓国胜，刘无 .企业之魂：CIS 战略的理念识别［M］.北京：北京经济学院出版社，1995.

［22］黎少华，王义，庄一敏 .企业风采的展示：CIS 战略的活动识别［M］.北京：北京经济学院出版社，1995.

［23］吕美艳 .企业"美容术"：CIS 战略的视觉识别［M］.北京：北京经济学院出版社，1995.

［24］［英］克莱尔·克朋 .组织环境：内部组织与外部组织［M］.北京：经济管理出版社，2005.

［25］罗长海 .企业形象原理［M］.北京：清华大学出版社，2003.

［26］张德 .企业文化建设［M］.北京：清华大学出版社，2003.

［27］李宗红，朱洙 .企业文化：胜敌于无形［M］.北京：中国纺织出版社，2003.

［28］吴柏林，公司文化管理［M］.广州：广东经济出版社，2004.

［29］刘光明 .企业形象导入［M］.北京：经济管理出版社，2003.

［30］周朝霞 .企业形象策划实务［M］.北京：机械工业出版社，2005.

［31］曹世潮 .第一竞争力［M］.上海：上海文化出版社，2003.

［32］石伟 .组织文化［M］.上海：复旦大学出版社，2004.

［33］黎群 .企业文化建设 100 问［M］.北京：经济科学出版社，2004.

［34］［英］格雷姆·德吕莫，约翰·思索尔 .战略营销规划与控制［M］.北京：中国市场出版社，2004.

［35］［美］H.明茨伯格 .规划：发现战略的力量［M］.企业管理出版社，2004.

［36］王德业 .区域形象浪潮［M］.北京：新华出版社，1998.

［37］张德，吴剑平 .企业文化与 CI 策划［M］.北京：清华大学出版社，2003.

［38］陶济 .企业识别系统：市场竞争的战略［M］.北京：中国水利水电出版社，1995.

［39］梅雨 .中国，CI 再出发［M］.广州：广东经济出版社，2002.

［40］高驰 .CI：企业形象塑造［M］.哈尔滨：黑龙江美术出版社，1992.

［41］叶生 .企业灵魂［M］.北京：机械工业出版社，2004.

［42］徐平华.企业形象经营［M］.北京：经济科学出版社，2001.

［43］韩光军.品牌设计与发展［M］.北京：经济管理出版社，2002.

［44］周朝琦，侯龙文，邢红平.品牌文化［M］.北京：经济管理出版社，2002.

［45］周朝琦，侯龙文.品牌经营［M］.北京：经济管理出版社，2002.

［46］何君，厉戟.品牌识别经营管理［M］.北京：中央民族大学出版社，1999.

［47］王效杰.品牌形象战略［M］.哈尔滨：黑龙江科学技术出版社，2002.

［48］高中羽.形象力［M］.哈尔滨：黑龙江美术出版社，2000.

［49］张建华.向解放军学习：最有效率组织的管理之道［M］.北京：北京出版社，2005.

［50］卢小雁.现代企业与机构形象设计［M］.杭州：浙江大学出版社，2003.

［51］王学秀.第一次做首席文化官［M］.北京：中国经济出版社，2003.

［52］章利国.现代设计社会学［M］.长沙：湖南科学技术出版社，2005.

［53］［美］艾米莉·斯鲁贝·波茨.品牌设计［M］.上海：上海人民美术出版社，2001.

［54］王璞，李小勇.事业单位管理咨询实务［M］.北京：中信出版社，2004.

［55］倪勇，周小儒.企业形象设计［M］.北京：化学工业出版社，2005.

［56］邓玉璋，姚克雄.CIS设计基础［M］.武汉：武汉大学出版社，2008.

［57］［美］斯黛茜·金·高登.包装再设计［M］.胡心怡，译.上海：上海人民美术出版社，2006.

［58］郁涛.企业形象识别设计［M］.长沙：中南大学出版社，2004.

［59］周旭.CI设计［M］.长沙：湖南大学出版社，2016.

［60］沈周铎，曹大勇，肖晓明.企业形象设计［M］.武汉：湖北美术出版社，2006.

［61］刘瑛，徐阳.CIS企业形象设计［M］.武汉：湖北美术出版社，2009.

［62］［美］艾丽娜·惠勒.品牌标志创意与设计［M］.上海：上海人民美术出版社，2008.

［63］胡越.CI品牌设计［M］.上海：上海人民美术出版社，2008.

［64］王吉鹏，价值观的起飞与落地：企业文化建设实证分享［M］.北京：电子工业出版社，2004.

［65］［日］原田进.设计品牌［M］.南京：江苏美术出版社，2016.

［66］麦楠，王多多，张林.凤凰术［M］.北京：中国友谊出版社，2006.

后 记

POSTSCRIPT

　　企业形象识别系统（CIS）最早萌芽于二十世纪三四十年代的英德，创立于美国，发展于日本，是一门集管理学、心理学、市场学、设计学、公共关系学等于一体的新兴管理学科分支。经过半个多世纪的探索、研究和实践，已发展为具有完整的理论构架和运作体系的边缘性应用学科，成为一种带很强工具性的营销理论。

　　CIS 在企业界成功推广的同时，随着医院、学校、新闻单位、设计研究院等走向市场，CIS 也进入事业单位以及政府部门、行业协会等组织机构。人们发现，CIS 并非企业的专利，非企业组织一样需要它。因此，企业形象识别设计的教学应及时进行课程改革设计。本教材适时提出组织形象设计的命题，诠释企业形象设计延伸新概念，故名称定为《CIS 设计与管理》，意为既能顺应现行科目设置，又能凸显出与时代同步的科学发展观。

　　理论来源于实践生活，某项理论的提出可以改变现实的世界。《CIS 设计与管理》根据现代 CIS 规划设计与应用过程中的组织文化整合情形，结合作者多年来从事组织文化管理咨询和为众多客户规划导入 CIS 的实践经验，以创新的 CIS 知识体系为构架，独到地分析和吸取了美国 CIS、日本 CIS 的成功因素和科学依据，主张组织文化设计主义的概念、原理和应用模式。

　　本教材适时提出合适而进步的主张，改变人们一意强调 VI 视觉的 CIS 应用习惯，以新的设计规范理念和方法，不但从设计角度论述组织形象和组织标识，而且将组织形象作为一项管理和营销任务来处理，有效地发挥 CIS 文化战略的作用，促进构建和谐的组织文化。

本教材的内容与篇幅，主要从能够指导读者对 CIS 项目整体策划、规划、设计与管理的要求出发，并考虑到 CIS 课程内容的综合性、要求的实操性、参照的缺乏性。作者根据多年的 CIS 项目实践经验与见解，采取系统的理论陈述和详细的实践指导相结合的方式编写。

本教材编写过程中，许多专家教授论文、专著中的观点使作者受益匪浅，吉家文、马红、周俊、曹迪伟、吴丽敏、王海云、邓小康、王春蕾、陈珏、蔡媛媛、黄荣、程谦、云芸、潘显涛等承担了大量的编务工作，海南劲艺设计工程机构和海南金鸽广告有限公司等企业同行提供了帮助，出版社编辑给予了支持，海南经贸职业技术学院给予了研究实践的条件，在此一并致谢。

本教材的参编合作者来自高校和企业，都是具有多年教学经验或设计实践的专业骨干。但是由于作者学识局限，教材涵盖的内容又极其广泛，疏漏之处在所难免，请 CIS 规划设计界前辈、同人及读者不吝赐教，以便在教学与实践中加以改正。

编者

2021 年 6 月